JN419222

긍정의 힘을 담다

홍신애의 밥

책의 사용법

1. 이 책에서 설명하는 계량의 기본. 1컵은 200ml이고, 1큰술은 15ml, 1작은술은 5ml이다.

2. 밥과 국이나 찌개는 2인분, 일품요리 개념의 음식은 2~3인분 기준으로 정한 레시피다.
   단, 이는 제안에 가까우며, 몇 가지 요리를 여러 사람이 함께 먹는 경우라면 기준이 달라질 수 있다.

3. 국물 요리의 기본 육수는 멸치 다시마 육수를 사용했다. 한편, 만능 육수 만드는 법도 별도로 정리해
   두었는데(148p. 참조), 만능 육수를 만들어 쓰는 경우에는 이것으로 대체해도 좋다.

4. 요리에 필요한 기본 양념 정보는 별도로 정리해 두었다(230p. 참조). 재료에 표기한 '간장'은 모두 양조간장,
   '식초'로 표기한 것은 양조식초이다.

5. 기름은 각 요리마다 사용한 종류를 표기했다. 올리브 오일이 가장 일반적이며, 이 외에 아보카도 오일,
   코코넛 오일 등을 쓴 경우에는 별도로 밝혔다. 튀김 기름은 기본적으로 일반 식용유를 썼다.

긍정의 힘을 담다

홍신애의 밥

홍신애 지음

책🎏

contents

Part 6

쌀밥에도 파스타에도
맛 궁합 좋은 유산균 반찬

곁들이 하나라면 단연 김치다

Part 7

맛에 진심인 우리,
좋은 사람을 위해 만드는 음식들

가장 즐거운 일상은
누군가와 음식을 나누는 시간이다

누구에게나
집밥이 필요합니다

언제부턴가 요리 하는 사람들이 모이면 화두가 되는 게 집밥입니다. 왜냐하면 집이라는 공간이 지닌 정서적 의미가 사라지고 있기 때문입니다. 요즘은 대부분의 가정에서 엄마가 정성 들여 밥을 차려주지 않아요. 식탁에 온 가족이 둘러앉아 밥 먹는 일이 드문 건 물론이고, 아이들이 우리 집 김치말이 국수는 이렇고, 우리 집 곰탕은 이렇고, 우리 집은 야식으로 비빔국수를 이렇게 만들어 먹어, 하고 말할 만한 '문화'가 없어요. "요새 젊은 사람들은 맛을 몰라." 하는 얘기가 나오는 건 결국 한집안의 음식 문화가 부재하기 때문일 겁니다. 생각해 보면 '집밥'이라는 단어가 등장한 데에도 이런 배경이 있지 않을까 싶습니다. 그렇다면 집밥이 필요한 사람은 누구일까요? 아마도 우리 모두라고 말할 수 있을 텐데, 어째서 모든 사람이 집밥이란 단어를 쓰고 이를 그리워할까요. 이유는 따스한 한 끼 식사가 있는 공간, 이런 의미의 집이 없기 때문입니다. 제 아이들만 해도 그렇고요. 저도 매일 집에서 밥해 먹을 것 같지만 실상은 그렇지 못하거든요. 그러니 자연스럽게 밖에서 돈을 주고라도 집밥을 사 먹고 싶은 욕구가 생기는 것 같습니다. 그런 의미에서, 누구나 찾아와 먹을 수 있는 '집밥 식당'을 열어 맛있는 한 끼를 차려줄 수 있어 행복합니다. 또 그 과정에서 다양한 제철 재료로 새로운 음식을 계속 만들 수 있고, 책을 통해 많은 분과 조리법을 공유할 수 있다는 사실 역시 큰 행운이라고 생각합니다.

세 번째 집밥 책인 《홍신애의 밥》을 만든 지난 1년간 새삼스레 깨달은 사실은, 요리야말로 제 인생을 통틀어 가장 사랑하는 일이라는 것입니다. 어디에 가면 맛있는 재료를 찾을 수 있는지, 그 재료를 이용해 최상의 맛을 내는 방법은 무엇인지, 또 가족과 친구, 손님에게 음식으로 최고의 만족감을 안기는 방법은 무엇인지 등을 궁리하는 일이 삶의 진정한 기쁨이 되었습니다. 한편으로 스스로의 미식 철학을 다져가는 동안 누군가를 맛있게 먹이려고 만드는 건강한 집밥에 대한 열정도 더욱 단단해진 것 같습니다. 그런 만큼, 변함없이 정성 담은 음식을 만들며 많은 분에게 '집밥 있는 집'의 따스한 경험을 선사하고자 합니다.

매일 먹는 음식들에 담긴
특별함을 찾아서

제 요리에는 복잡하지는 않아도 '이렇게 하는 게 왜 맛있는지', '이렇게 하면 왜 안 되는지'에 대한 원칙이 있고, 저는 이 부분을 가장 중요하게 생각합니다. 같은 돼지불고기인데 왜 맛이 다르냐고 묻는다면, 그건 재료의 양이나 양념하는 순서 등을 어떻게 해야 제맛을 내는지 정확히 알고 만들기 때문이에요. 말하자면 사람들이 '비법'이라고 부르는 것일 텐데, 사실 이건 대단한 노하우가 아니라 누구나 할 수 있는 간단한 일입니다. 누구라도 도정기가 있으면 도정할 수 있고, 양념이 있으면 버무릴 수 있듯이요. 그런데 한 가지, 누구나 할 수 있는 걸 '누가 어떻게 정리하는지'에 따라 특별한 원칙이 생기거나 과정의 중요도가 바뀌죠. 이번 책은 다양한 집밥 음식을 '홍신애가 만드는 방식'으로 총정리한 레시피 북입니다. 설명을 덧붙이자면, 어떤 요리를 어떻게 만들어야겠다는 생각에 대한 확신과, 이런 확신에 내 이름을 걸고 도전해 보자는 욕심이 생기면서 책으로 정리하는 작업을 진행하게 되었어요. 무엇보다 중요한 건 바쁜 일상을 사는 사람들이 하루 한 끼라도 건강을 지켜주는 밥을 챙겨 먹을 수 있도록, 어떤 음식이든 쉽게 만드는 방법을 고안해 레시피를 정리한 점입니다. 요리를 정말 못한다고 생각하는 사람이라도 이 정도면 해볼 만하겠다는 생각이 들 정도로요.

요리를 잘하고 못하는 것은 정말 종이 한 장 차이예요. 요리하는 법은 누구나 다 알지만 설탕을 어느 시점에 넣느냐, 기름을 언제 두르느냐에 따라 맛이 완전히 달라지거든요. 왜 설탕은 항상 먼저 녹여야 하고 기름은 나중에 넣어야 하는지 등, 다양한 조리의 원칙을 쉽고 간결한 레시피에 녹여두었습니다. 특별히 어려운 노하우가 없다는 점이 제 맛 내기의 중요한 노하우가 아닐까 싶습니다. 이 책을 참고해서, 손수 만들어 먹는 무궁무진한 일상 집밥 요리에 도전해 보기 바랍니다.

Part 1

잘 지은 밥,
신선한 재료가 조화로운
맛있는 밥 한 끼

One Plate
Rice Meals

맛있는 밥만 있어도 밥상이 풍성하다

쌀과 소금, 물과 불은 제가 모든 요리에서 핵심으로 여기는 요소입니다. 첫 식당 '쌀가게 by 홍신애'에서는 밥이 주역인 정식을 차렸고, 이후 두 번째 식당은 고민 없이 '솔트'라고 이름 지은 것도 그 때문입니다. 우리 누구나 쌀밥 없는 밥상은 어쩐지 헛헛하기 마련이죠. 그래서 신선한 쌀로 잘 지은 밥만 꾸준히 먹으면 건강한 100세도 거뜬하다는 신념으로 '좋은 밥맛'을 연구해 왔습니다. 그러니 이 책에서 처음 소개하는 음식은 마땅히 곡물이 주역인 '밥 한 그릇'입니다. 밥은 반찬의 맛을 온전히 살려 밥상을 한층 풍요롭게 하니, 밥맛만 좋으면 반찬 몇 가지 더해 만족스러운 식사를 할 수 있어요. 특히 잘 지은 밥에 신선한 제철 재료를 조합한 밥 요리는 만들기 간편할 뿐만 아니라, 특유의 감칠맛과 영양 측면에서도 훌륭한 한 끼 식사가 됩니다. 다양한 식재료를 이용해 만드는, 밑반찬이 필요 없는 별미 밥 30가지를 소개합니다.

밥이 주인공인 식탁_
집밥, 밥집 그리고 밥맛의 철학

밥을 먹고 나서 생긴 힘을 의미하는 밥심. "한국인은 밥심으로 산다"라는 말이 있듯이, 바쁜 일상에 쫓기느라 끼니를 제대로 챙기기 힘든 우리에게 밥심은 삶에 활기를 불어넣는 든든한 원동력입니다. 그러니 특별히 식이요법을 하는 경우가 아니라면, 누구나 하루에 적어도 한 끼는 곡물로 지은 따끈한 밥이 절로 생각나게 마련이죠. 또 나라마다 주식이 모두 달라도 아기가 처음으로 먹는 이유식은 대부분 쌀미음입니다. 쌀은 완전무결한 글루텐 프리 식품이고, 단백질을 풍부하게 함유한 식물성 식품이기 때문이죠. 벼 열매의 껍질을 벗긴 알갱이인 쌀에는 탄수화물과 단백질, 철분, 인, 칼슘, 나트륨 등의 무기질과 비타민 B_2·B_3 등 우리 몸에 필요한 영양소가 고루 들어 있습니다. 따라서 쌀의 영양소를 온전히 섭취하면 각종 성인병과 질병을 예방하는 데 효과적이죠. "밥이 보약이다"라는 말이 괜히 나온 게 아니에요.

쌀은 겉껍질만 벗겨내고 일차적으로 먹을 수 있게 만든 현미부터 속꺼풀까지 모조리 깎아낸 백미까지 다양한 형태로 우리 밥상에 오릅니다. 어떤 식감과 맛을 찾는지에 따라 선택이 갈리지만, 우리나라 사람 대부분은 예나 지금이나 '찰기 있고 윤기 도는 밥'을 좋아하는 편이에요. 부드럽고 입안에서 살살 녹는 맛이기도 한데, 이는 우리나라에서 주로 재배하는 쌀 품종이 지닌 고유의 성질인 한편, 껍질을 많이 벗긴 '백미'를 선호한다는 의미이기도 합니다. 물론 오래전에는 쌀겨를 100% 벗겨 먹는 기술이 없었을 거라고 추정하지만, 어쨌든 한국인이 좋아하는 밥맛은 아밀로스 함량이 낮아 찰지고 단맛이 강한 우리 쌀 품종의 특성에서 기인합니다.

그런데 중요한 문제는 역시 '건강에 이롭게 먹는 밥'입니다. 쌀 영양소의 95% 이상이 쌀 껍질과 쌀눈 속에 들어 있다는 사실은 여전히 많은 사람이 간과하는 부분으로, 현미밥이나 잡곡밥을 먹어야 영양분을 모두 섭취할 수 있어요. 그러니 백미 상태로 먹는다면 쌀 전체 영양 성분의 5%밖에 섭취하지 못하면서 탄수화물로 배를 채우는 셈입니다. 당 성분이 많아 당뇨나 내장지방으로 인한 대사증후군 같은 성인병의 원인도 될 수 있고, 대장암 예방에 도움이 되는 식이섬유 섭취도 부족해집니다. 그런데 현미는 영양 성분은 풍부하지만 아주 오래 꼭꼭 씹어 먹어야 소화가 되고, 그렇지 않은 경우 오히려 위장이나 대장 기능에 해가 될 수도 있어요. 건강을 위해 현미를 먹다가 결국 흰쌀밥으로 돌아가는 경우가 많은 이유이기도 하죠. 쌀겨를 절반 정도만 벗긴 '오분도미'는 현미보다 먹기 편하고, 영양 흡수율은 백미보다 높아 절충안이 될 수 있습니다.

맛 좋고 건강한 밥으로 가족 건강을 지키다

워낙 먹는 것을 좋아하고 맛에 대한 호기심도 커서 세상 모든 음식에 거부감이 없는 저 역시, 밥 맛에는 매우 까다로운 편입니다. 요리연구가로 활동하던 2013년에 오픈한 첫 식당 이름이 '쌀가게 by 홍신애'예요. 갓 도정한 쌀로 그때그때 밥을 지어 매일 손님 100분께 정식 메뉴를 차려드리는 한식 밥집이었죠. 전라남도 장흥 유기농 단지에서 공수한 오분도미, 강원도 정선에서 올라온 백태, 경상남도 남해 죽방멸치 액젓과 엄마표 고춧가루로 직접 담근 깍두기, 두부쌈장과 쌈 채소 등등. 기본 식재료에 집중해야 한다는 요리 철학을 손님 밥상에 구현한 것도 의미 깊었지만, 사실 밥집을 연 결정적인 이유는 아주 단순했어요.

저는 어릴 적부터 쌀이나 밥에 관심이 유달리 많았는데, 할머니와 오래 함께 살면서 자연스레 익힌 밥상 문화 덕분이에요. 할머니께선 쌀에 대한 생각이 남달라 제가 어릴 때 집에 도정기가 있었을 정도였어요. "갓 도정한 쌀을 먹는 게 가장 좋은 것"이라는 할머니 말씀을 들으며 그런 밥을 먹었고, 그러다 보니 항상 '나는 맛있는 밥, 따뜻한 밥이 좋아'라는 생각을 갖고 있었어요. 그런데 요리 일을 본격적으로 시작하고 전국을 돌아다니는 동안, 밖에서 먹는 밥은 대부분 맛이 없다는 사실과 함께 쌀의 중요성을 절감했습니다. 지금이야 인식이 크게 변했지만 10년 전만 해도 대부분의 음식점에서 맛있는 밥을 먹기가 쉽지 않았거든요. 고작해야 1000원가량 하는 공깃밥의 질을 따지는 사람도 없었고요. 김치찌갯집에 가면 전날 지어놓거나 미리 퍼서 온장고에 넣어둔 색이 노랗게 변한 공깃밥이 대부분이었는데, 식당 주인 입장을 헤아리면 이해가 되지만 저는 도저히 먹을 수가 없었어요. '갓 지은 밥의 맛'을 아는 분이라면, 지은 지 오래된 밥은 바로 간파할 거예요. 저도 그런 손님이다 보니 늘 제대로 지은 밥에 대한 갈증이 컸고, 그런 이유로 '내가 집에서 먹는 것과 똑같은, 잘 지은 밥을 주인공으로 한 식당을 차려보자'고 결심했어요.

가족과 친구, 찾아오는 손님들이 편안하게 건강에 이로운 밥을 먹을 수 있는 곳이 있으면 좋겠다는 소박한 바람에서요. 2016년에 '쌀가게' 운영을 종료하고 이탈리아 밥집 '솔트'를 오픈했지만, 이곳에서도 '홍신애식 쌀밥'의 철학은 여전히 잘 지켜가고 있습니다.

'쌀가게'에서 사용했던 오분도미는 쌀겨를 절반만 벗겨 쌀눈이 남아 있도록 도정한 것으로 현미와 백미의 중간 형태입니다. 저희 둘째 아이가 유동식을 먹을 때 건강 상태가 좋지 않아 소화를 잘 시키지 못했어요. 그때 쌀에 대해 집중적으로 공부하면서 오분도미가 건강을 지키는 데 도움이 된다는 사실도 알게 되었어요. 이후로 우리 가족은 오분도미로 지은 밥을 먹고 있습니다. 한편, 쌀도 상한다는 사실을 꼭 염두에 두어야 합니다. 쌀은 사과나 배처럼 껍질을 깎아 바로 먹는게 좋은, '신선도'가 생명인 식재료예요. 도정하고 7시간이 지나면 산화가 진행되기 시작해 15일 정도가 지나면 수분과 영양 성분이 거의 소멸되고 맛도 뚝 떨어지고 맙니다. 그러니 즉석에서 껍질을 깎아 바로 밥을 지어 먹는 게 가장 맛있고 영양학적으로 효과적이며, 그렇지 못한 경우라면 보관법에 신경 써야 합니다. 쌀은 반드시 냉장고에 보관하세요.

건강을 위해 현미를 먹고 싶지만 소화가 걱정된다면 가정용 도정기를 구비해 직접 껍질을 벗겨 먹는 방법을 추천합니다. 소량씩 도정이 가능하며, 입맛과 상황에 따라 삼분도미, 오분도미, 칠분도미, 백미 중 선택할 수 있어 여러모로 편리합니다. 만약 마트에서 사야 한다면 반드시 도정 일자를 확인하세요.

밥 짓기의 정석

저는 그날그날 반찬에 따라 선호하는 밥이 달라요. 밑반찬을 곁들여 먹거나 김에 싸 먹을 때는 윤기가 자르르 흐르는 차진 밥이 좋고, 김치찌개나 생선조림에 밥을 먹을 때는 고슬고슬한 밥이 제격이다 싶어요. 그래서 그날의 밥상 차림에 따라 밥을 짓곤 합니다. 단, 손님 초대 밥상을 차릴 때는 나름대로 규칙이 있어요. 손님이 오시기 2~3시간 전에 도정을 해서 최대한 신선한 쌀로 밥을 짓는 것입니다. 갓 도정한 쌀로 지은 밥은 고슬고슬해도, 차져도 맛있거 든요. 사과도 껍질을 깎아서 바로 먹어야 싱싱하고 더 맛있잖아요. 그런 의미 에서 밥맛을 좌우하는 중요한 요소를 꼽자면 품종보다는 쌀의 신선도와 보 관법인 것 같아요. 갓 도정한 햅쌀로 밥을 지으면 당연히 맛있지만, 햅쌀도 보관 상태에 따라 쉽게 신선도가 떨어질 수 있기 때문입니다. 또한 신선한 쌀 을 쓴다고 해서 반드시 맛있는 밥이 완성되는 건 아니에요. 씻고, 불리고, 밥 물을 맞추기까지, 소소한 노하우와 정성이 더해져야 합니다. 취향에 따라 맛 있는 밥을 지을 수 있도록 밥 짓기의 과정마다 포인트를 짚어볼게요.

쌀 씻기

"쌀은 제대로 씻으면 보약이 된다"는 옛말이 있어요. 쌀 씻기는 도정한 쌀 표면의 불순물이나 먼지 등을 제거하는 첫 과정으로, 맛있는 밥을 짓기 위해 꼭 필요한 작업입니다. 우선 쌀을 씻을 때는 그릇에 물을 먼저 받아야 합니다. 쌀을 담은 뒤 물을 받으면 먼지도 함께 가라앉기 때문이에요. 물을 받고 쌀을 살살 부으면 가벼운 먼지가 자연스럽게 위로 떠올라 걸러내기가 쉬워집니다. 그리고 처음 씻는 물도 중요한데, 가능하면 정수기에서 한 번 거른 물이나 생수를 쓰는 편이 좋습니다. 건조한 상태의 쌀은 물이 닿으면 수분을 빠르게 흡수하기 때문이에요. 하지만 깨끗한 수돗물도 나쁘지 않아요(한국은 양질의 수돗물 보유국이니까요). 그리고 이러한 점을 고려해 처음에는 두세 번 휘저어 가볍게 재빨리 헹군 다음 물을 따라 버립니다. 이렇게 하면 쌀겨 냄새가 배는 것도 방지할 수 있어요. 두 번째로 헹굴 때는 물을 흡수하는 양이 많지 않고 쌀겨 양도 많지 않으므로 천천히 씻어도 상관없습니다. 쌀을 20~30회 부드럽게 휘젓듯이 씻습니다. 이물질을 잘 제거해야 하지만, 박박 문지르면 쌀눈이 떨어지기 때문이에요. 이렇게 총 3~4회 씻는 것이 적당해요. 맑은 물이 나올 정도로 과하게 헹구면 영양소도 씻겨나갈 수 있으니 주의하세요.

쌀 불리기

어떤 종류의 쌀이든 물을 충분히 흡수해야 맛있는 밥이 완성됩니다. 백미를 기준으로 하면 일반적으로 30분 정도 불리고, 오분도미도 비슷한 시간 동안 불리는 것이 원칙이에요. 단, 겨울철에는 1~2시간 불려야 하고요. 그런데 요즘 판매하는 쌀은 예전과 달리 개량과 보존이 잘되어서, 딱히 오래 불리지 않아도 밥이 잘 지어집니다. 만약 불릴 시간이 없다면 씻은 쌀에 미지근한 물을 붓고 바로 밥을 지어도 됩니다.

밥물 잡기

씻고 불리기가 기본 밑작업이라면, 적당한 밥물 잡기는 밥맛을 좌우하는 핵심입니다. 햅쌀(오분도미 기준)이라면 불린 쌀 부피의 1.2배, 묵은쌀은 1.5배로 밥물을 잡는 것이 일반적이에요. 밥솥 종류에 따라서도 물 맞추기에 차이가 있는데, 1인분 기준(1컵 150g)으로 전기밥솥은 쌀 부피의 1.2배(180ml)가 되도록 하고, 압력밥솥은 쌀 부피와 비슷한 양(150~160ml)으로 잡으면 적당합니다. 날씨와도 연관이 있어요. 겨울에는 3~4큰술 더 붓고, 여름에는 반대로 줄입니다. 이렇듯 상황에 따라 밥물의 양이 달라지지만, 결국은 선호하는 밥맛에 맞는 밥물의 양을 찾아내는 것이 가장 중요하다고 봅니다. 그럼에도 거의 모든 경우, 쌀보다 성인 손가락 한 마디 정도 높이 물을 부어 밥을 하면 실패가 없습니다.

**도구에 따른
밥 짓기 포인트**

일반 냄비 냄비는 공이 더 들긴 하지만, 다른 도구보다 훨씬 촉촉하고 부드러운 밥을 지을 수 있는 것이 특징입니다. 시간이 지날수록 더 촉촉해져요. 물의 양은 앞서 설명한 것처럼 불린 쌀과 물을 햅쌀은 1:1.2, 묵은쌀은 1:1.5 비율로 잡으면 됩니다. 우선 뚜껑을 열고 센불에서 끓입니다. 쌀에 물이 잦아들고 거품이 나면서 끓기 시작하면 바로 뚜껑을 덮고 약불로 줄여 끓이세요. 밥 익는 냄새가 나기 시작하면 불을 끄고 10분간 뜸을 들인 다음 뚜껑을 엽니다. 밥알이 살도록 주걱으로 바닥까지 뒤집어 퍼서 잘 섞으면 완성. 4~5분간 뜸을 들인 뒤 뚜껑을 열고 쌀이 잘 익었는지 확인해도 괜찮아요. 만약 쌀이 설익었다면 물을 2~3큰술 넣고 약불에서 4~5분간 더 뜸을 들입니다. 예전에는 뜸이 들기 전에 뚜껑을 열면 밥이 설익었지만, 요즘은 쌀 품질이 워낙 좋아서 냄비밥, 솥밥 모두 뚜껑을 연 상태로도 맛있게 지을 수 있습니다.

솥밥용 냄비 열효율이 뛰어난 주물 냄비를 이용하는 솥밥은 압력밥솥에 지은 것만큼 밥이 차지고 맛있습니다. 일반 냄비밥보다 물을 조금 더 넣고, 불을 조금 일찍 줄여 뜸을 들이는 것이 중요합니다. 특히 주물 냄비는 디자인이 예뻐서 손님상에 냄비째 올리는 것만으로 스타일리시한 요리가 되기도 합니다.

전기밥솥 대기압 상태에서 물이 끓는 온도인 100℃를 유지하면서 밥을 지어 부드럽고 촉촉한 밥이 완성됩니다. 일반 솥에 비해 안전하고, 불 조절을 할 필요가 없어 매일 같은 상태의 밥을 실패 없이 짓기에 가장 적합하죠. 요즘 밥솥은 곡물에 따른 취사 등 기본 기능이 뛰어나서 잘만 사용하면 어떤 재료든 무난하게 맛있는 밥을 지을 수 있습니다. 물의 양은 일반 냄비와 동일하게 잡으면 됩니다.

압력밥솥 압력을 가해 밥을 지으므로, 물과 불린 쌀의 비율을 1:1 동량으로 맞춰야 밥이 질어지지 않습니다. 다른 조리 도구에 비해 밥이 빠르게 되며, 고압에서 쌀 내부까지 열이 골고루 전달되어 밥알이 고르게 익고, 쌀 전분이 잘 분해되어 쫄깃하고 탱글탱글한 밥이 완성돼요. 밥이 쉽게 마르는 것이 단점이기는 하나, 다양한 잡곡을 섞어 간편하고 맛있게 밥을 지을 때 가장 좋은 도구입니다. 요즘 많이 사용하는 전기 압력밥솥은 불 조절이 필요 없어 훨씬 간편한데, 이 경우에는 냄비밥과 같이 불린 쌀과 물 비율을 1:1.2로 맞춰야 합니다. 밥이 다 되면 뚜껑을 바로 열지 말고 2~3분간 뜸을 들이는 것도 완성도를 높이는 비결입니다.

쌀의 올바른 보관법

우리나라 가정에서는 대부분 쌀을 2~3개월에 한 번씩 구매해 상온에 보관하면서 소비한다는 조사 결과를 보았어요. 그런데 앞서 말했듯이 쌀은 시간이 지날수록 수분이 날아가고 산화해 영양 성분을 잃고 밥맛도 떨어지므로 실온에 보관하는 건 좋지 않아요. 게다가 갓 도정한 햅쌀도 보관을 잘못하면 쌀의 신선도가 급격히 떨어집니다. 그러니 **쌀은 저온에서 저장해 품질 변화를 줄이면서 신선한 상태를 유지하는 것이 필수예요.** 가정에서는 밀폐 용기에 담아 냉장고 채소 칸에 보관하는 것이 가장 바람직한데, 농촌진흥청의 연구 결과에 따르면 4℃에서 보관한 쌀이 신선도와 밥맛, 색의 변화가 적어 품질이 가장 오래 유지된다고 합니다. 이때 밀봉이 완벽하게 되지 않으면 냉장고 속 냄새가 쌀에 모두 스며들 수 있으므로 이 점에도 주의하세요.

만약 냉장 보관이 힘들다면, **기온이 낮은 가을부터 봄까지는 햇빛이 들지 않는 서늘한 장소에 두는 것이 적당합니다.** 특히 습기가 많고 기온이 높은 여름철에는 해충이나 곰팡이, 세균 등 미생물이 발생하기 쉬운데, 이 시기에 실온에서 보관하면서 쌀에 곰팡이가 피는 걸 모르고 지나치는 경우가 많아요. 만약 쌀을 씻을 때 물이 평상시와 달리 흰색이 아닌 다른 색을 띤다면 곰팡이가 생긴 것입니다. 여름철에는 서늘하고 습도가 낮은 곳에 두는 것이 필수이며, 만약 상온에 보관해야 한다면 소량씩 포장된 것을 구매해 빠른 기간 내에 소비하는 것이 바람직합니다. 이와 반대로 겨울철에 기온이 영하로 내려가면 쌀이 얼어 수분 함량이 높아지면서 부피가 커지고 금이 갈 수 있으므로 주의해야 합니다.

다양한 식재료로 계절 풍미를 즐기는
한 그릇, 건강 밥

그동안 제가 운영한 식당들은 모두 전국의 농부, 어부들과 직거래하는 팜투테이블(Farm-to-Table, 생산자가 직접 기른 작물을 중간 단계 없이 신선한 상태로 식탁에 올리는 것) 형태로, 늘 가장 맛있는 제철 식재료를 직접 골라 요리했고, 지금도 이 원칙을 고수합니다. 요즘은 대부분의 식재료를 계절에 상관없이 손쉽게 구할 수 있지만, 인간의 개입 없이 자란 작물이나 해산물은 훨씬 깊은 풍미를 지녀 요리에서도 고유의 농축된 맛을 느낄 수 있습니다. 주물 냄비부터 압력솥과 전기밥솥까지, 그때그때 어울리는 도구를 골라 제철을 맞은 메인 식재료를 한데 넣고 지은 별미 밥으로 맛의 호사를 누려보세요.

* 모든 음식은 2인분 기준으로 만들었다.

미역귀리솥밥

잘 만든 참기름과 국간장만 있으면 맛이 보장되는 솥밥입니다. 갓 지은 밥을 그대로 먹어도 고소하고 담백한 맛이 일품인데, 저는 이 밥으로 간장버터밥을 만들어 먹습니다. 무염버터와 양조간장을 넣어 비벼 먹으면 폭발하는 감칠맛에 감동하게 됩니다. 버터밥을 좋아하는 분이라면 꼭 만들어 먹어보세요.

재료

쌀 2컵
귀리 1컵
잘게 자른 마른 미역 1컵(2~3g)
다진 마늘 1/2큰술
참기름 2큰술
국간장 2큰술
비빔용 버터 2큰술
비빔용 간장(양조간장) 2~3큰술

만드는 법

1   쌀과 귀리는 씻어서 건져 30분 정도 불린다. 귀리는 불리면 더 맛있다.

2   마른 미역은 물에 살짝 불린 후 물기를 짜 솥에 참기름 2큰술을 넣고 볶는다.

3   다진 마늘과 국간장을 더해 1~2분 더 볶는다.

4   ③에 불린 귀리와 쌀을 넣고 1~2회 뒤적인 다음, 재료가 모두 잠길 정도로 물을 부어(약 2.5컵) 중불로 끓인다. 이때 넘칠 수 있으므로 냄비 뚜껑을 열어둔다.

5   물기가 거의 없어지면 뚜껑을 닫고 약불로 10분 정도 뜸을 들인다.

6   밥이 완성되면 그릇에 담는다. 취향에 따라 비빔용 버터와 간장을 넣고 비벼 먹는다.

TIP • 비빔용 버터는 기호에 따라 가염, 무염 모두 좋다. 나는 프랑스산 AOP 인증 버터를 쓴다. 원유의 등급과 지역까지 표시된 버터라면 더 마음 놓고 먹을 수 있기 때문이다.
• 귀리의 톡톡 터지는 듯한 식감이 미역과 잘 어울려서 사용한 것으로, 귀리가 없다면 백미나 흑미, 콩 등 다른 곡물을 써도 된다.

찰옥수수솥밥

제철 옥수수로 만들면 달고 구수한 향이 너무나 매력적인 솥밥. 옥수수 속대에도 건강에 이로운 영양 성분이 풍부하니 알갱이와 함께 넣고 밥을 지어보세요. 요즘은 제철 옥수수를 수확하자마자 진공포장 한 냉동 제품을 손쉽게 구할 수 있어서, 언제든 바로 만들어 먹을 수 있어요. 단, 가공한 캔 제품을 사용하면 단맛이 강해지고 퀴퀴한 냄새가 날 수 있으므로 가급적 피한다.

재료

쌀 3컵
찰옥수수 1개
비빔용 버터 2큰술

✽ 양념간장

간장 4큰술
다진 마늘 1큰술
고춧가루 1큰술
다진 청양고추 1큰술
참기름 2큰술

만드는 법

1   쌀은 여러 번 씻어 건져둔다.

2   옥수수는 칼로 알갱이만 분리한다.

3   쌀과 옥수수를 섞어 냄비에 넣은 뒤 물 3.5컵을 붓고 옥수수 속대를 그 위에 얹어 중불로 끓인다.

4   냄비의 밥물이 졸아들면 뚜껑을 덮고 약불로 10분 정도 뜸을 들인다.

5   밥이 완성되면 버터를 넣어 비빈 다음, 분량의 재료로 만든 양념간장에 비벼 먹는다.

TIP • 쌀을 불리지 않고 밥을 하는 경우에는 물을 5~6큰술 더 넣어 보자. 조금 꼬들꼬들하지만 먹기 적당한 밥이 완성된다.
• 찰옥수수 대신 초당옥수수를 써도 상관없다. 초당옥수수를 쓰는 경우에는 청양고추를 더 많이 넣는 편이 맛도 잘 어울린다.

전복마늘솥밥

전복을 올려 무척 고급스러워 보이는 손님 접대용 솥밥이에요. 석결명(石決明)이라고 부르는 전복 껍데기는 한방 약재로도 쓰이는데, 눈 건강 개선 효능이 있고 해독 작용도 한다고 합니다. 깨끗이 씻은 껍데기까지 같이 넣어 조리하면 영양 성분이 밥에 배어 몸에도 좋고, 훨씬 맛있어 보입니다. 밥에 비벼 먹는 양념간장은 다른 솥밥에도 두루 활용할 수 있으니 비율을 알아두세요.

재료

쌀 3컵
전복(1kg당 20~25마리 사이즈) 5마리
깐 마늘 12쪽
다시마(5×5cm) 2~3장

＊ 양념간장
간장 4큰술
다진 마늘 1큰술
고춧가루 1큰술
다진 청양고추 1큰술
참기름 2큰술

만드는 법

1 쌀은 여러 번 씻어 건져둔다.

2 전복은 껍데기째 솔로 문질러 깨끗하게 씻는다.

3 마늘은 꼭지 부분을 떼고 씻어둔다.

4 솥에 쌀과 물에 씻은 다시마, 마늘을 넣고, 쌀보다 손가락 한 마디 정도 올라오게 물을 붓는다. 중불에서 뚜껑을 연 채로 물이 거의 없어질 때까지 끓인다.

5 물이 졸아들면 밥 위에 전복을 얹고 뚜껑을 닫아 약불로 10분간 뜸을 들인다.

6 밥이 완성되면 분량의 재료를 섞어 만든 양념간장을 곁들이거나 뿌려 상에 낸다.

TIP 전기밥솥 대신 냄비를 사용해도 된다. 냄비밥으로 지을 때는 모든 재료를 올린 상태에서 뚜껑을 열고 물이 졸아들 때까지 끓인 다음, 뚜껑을 닫고 5~10분간 약불로 끓여 뜸을 들이면 완성된다.

순살갈치솥밥

가시를 잘 바른 갈치와 마늘종을 올린 솥밥은 보기에 좋고, 맛도 뛰어나서 손님 초대상을 차릴 때 제격입니다. 보드라운 식감의 순살 갈치는 팩으로 된 시판용 제품을 쉽게 구할 수 있으니, 특별한 솥밥이나 덮밥을 만들고 싶을 때 활용해 보세요.

재료

쌀 3컵
순살 갈치 2토막
깐 마늘 8쪽
마늘종 한 줌(80g)
올리브 오일 2큰술

✱ 고추냉이 간장
간장 4큰술
고추냉이 페이스트 1/2큰술
설탕 1큰술
양조 식초 1큰술
참기름 2큰술
후춧가루 조금

만드는 법

1 쌀은 여러 번 씻어 건져둔다.

2 깐 마늘은 꼭지를 떼고 씻어 물기 뺀 마늘종은 잘게 쫑쫑 썰어둔다.

3 씻은 쌀을 냄비에 넣고, 쌀보다 성인 손가락 한 마디 정도 올라오게 물을 붓는다. 마늘을 넣어 중불로 끓인다.

4 ③의 밥물이 졸아들면 뚜껑을 덮어 약불로 7~8분 더 끓인다.

5 프라이팬에 올리브 오일을 두르고, 흐르는 물에 씻어 키친타월로 물기를 제거한 갈치를 중불에서 앞뒤로 천천히 노릇하게 굽는다.

6 ④의 밥 위에 갈치와 마늘종을 얹고 뚜껑을 덮어 2~3분 약불에 뜸을 들여 완성한다. 분량의 재료를 섞어 만든 고추냉이 간장을 곁들인다.

TIP 순살 갈치는 제주나 전라남도 여수 지역에서 잡은 즉시 급랭해 만든 제품을 주로 쓴다. 이번에 선택한 갈치는 '제주반했어'의 제품으로, 온라인 구매가 가능하다.

바지락해물솥밥

바지락과 새우의 감칠맛을 한가득 품은 솥밥. 입맛 없는 봄철이나 딱히 먹을 만한 반찬이 없을 때 한 솥 만들어 양념간장에 쓱쓱 비벼 먹으면 별미예요. 집에 김자반이 있으면 솔솔 뿌려 먹어도 맛있어요. 제철인 봄 바지락으로 만들면 풍미가 훨씬 더 짙고 맛이 풍부한데, 저는 햅쌀로 지은 해물솥밥을 특히 좋아합니다.

재료

쌀 3컵
해감한 바지락 1컵(200g)
흰다리새우 3~4마리
깐 마늘 4~5쪽
청주 2큰술

✳ **양념간장**
간장 4큰술
다진 마늘 1큰술
고춧가루 1큰술
다진 청양고추 1큰술
참기름 2큰술

만드는 법

1   쌀은 여러 번 씻어 건져둔다.

2   바지락은 바락바락 문질러 씻은 뒤 수돗물에 담가 30분 정도 더 해감한다.

3   새우는 이마뿔과 수염을 자르고 흐르는 물에 씻어 체에 밭쳐 물기를 뺀다. 마늘은 꼭지를 뗀다.

4   쌀을 냄비에 넣고 쌀보다 손가락 한 마디 위로 올라오게 밥물을 잡는다. 중불로 끓이다가 물이 졸아들면 바지락과 새우, 마늘을 얹는다. 청주를 끼얹고 뚜껑을 닫아 약불로 10분간 뜸을 들인다.

5   바지락은 살만 바르고, 분량의 재료를 섞어 만든 양념간장과 잘 섞어 먹는다.

TIP • 바지락은 해감된 것을 사서 박박 문질러 씻으면 빠르게 손질할 수 있다.
• 바지락을 냉장 보관할 때는 물을 뺀 상태로 냉장고에 넣어야 신선한 상태가 오래간다.

문어밥

익혔을 때 쫄깃하면서 야들야들한 식감이 매력적인 문어는 고단백·저열량 식품인데다가 숙취와 피로 해소에 효과적이어서 즐겨 먹는 해산물입니다. 가을에서 봄은 피문어, 여름은 돌문어 철이라 계절에 따라 다른 문어를 만날 수 있는데, 두 종류 모두 영양이 풍부하고 맛도 좋습니다. 부드럽게 삶아 채소, 과일과 함께 샐러드로 먹어도 맛있지만 솥밥으로도 제격입니다. 문어를 올려 밥을 짓고, 밥그릇에 먹음직스럽게 담습니다. 먹을 때는 특제 마늘 버터와 함께 쓱쓱 비벼 드세요. 문어 대신 낙지를 써도 됩니다.

재료

쌀 3컵
문어(1kg 미만) 1/2마리
(자숙 문어도 가능)
깐 마늘 3쪽
쪽파 한 줌(80g)
청주 2큰술
올리브 오일 1큰술

＊ **마늘 버터**
가염 버터 4큰술
다진 마늘 2큰술
다진 파슬리 1큰술

만드는 법

1   쌀은 씻어서 건져둔다.

2   마늘은 꼭지를 칼로 제거한 다음 한 번 씻어 준비한다. 씻어 물기를 뺀 쪽파는 다지듯이 송송 썬다.

3   문어는 소금으로 문질러 씻은 뒤 물기를 닦는다.

4   실온에 둔 가염 버터에 다진 마늘과 다진 파슬리를 넣고 섞어 마늘 버터를 만든다. 한번에 많이 만들어서 냉동해 두면 마늘빵을 만들 때 등 두루 활용할 수 있다.

5   압력솥에 쌀을 안쳐 쌀보다 손가락 한 마디 정도 올라오게 밥물을 잡는다. 마늘과 문어, 올리브 오일을 얹고 청주를 뿌려 밥을 짓는다.

6   밥이 다 되면 문어를 꺼내 한 입 크기로 자른다. 밥과 문어, 마늘을 섞어 큰 그릇에 담은 뒤 만들어둔 마늘 버터에 비벼 먹는다.

TIP • 우리나라 연안에서 주로 잡히는 문어는 대왕문어와 참문어다. 대왕문어는 흔히 피문어, 참문어는 돌문어라고 불린다. 돌문어는 피문어보다 크기가 작지만 차진 단맛을 지녔으며, 피문어는 돌문어보다 더 부드러운 게 특징이다. 문어는 연체동물 중 타우린이 가장 풍부해 피로 해소 효과가 탁월하고, DHA 함유량이 높아 두뇌 발달에도 도움이 되는 해산물이다. 자숙 문어는 문어를 미리 삶은 것으로, 마트에서 쉽게 볼 수 있는 1차 가공 형태다.
• 올리브 오일을 넣고 밥을 지으면 훨씬 윤기 있고 차지게 되며, 문어도 더욱 부드러워진다.

토마토묵나물밥

토마토를 통째로 넣고 밥을 하면 모양도 맛도 트렌디한 건강식이 완성됩니다. 솥 대신 전기밥솥에 불린 쌀과 나물을 넣고 만들 수도 있는데, 전기밥솥의 예약 기능을 활용해도 편리해요. 달래가 없으면 달래장 대신 쪽파나 청양고추, 부추 등의 채소로 대체해 양념간장을 만들어도 맛있습니다.

재료

쌀 2컵
귀리 1컵
토마토 1개
말린 나물(참취·고사리·곤드레 등) 조금
소금 조금

✱ 달래장
간장 4큰술
다진 마늘 1큰술
고춧가루 1큰술
다진 달래 3큰술
참기름 2큰술

만드는 법

1 쌀과 귀리는 깨끗이 씻어 건져 불린다(귀리는 불리면 더 맛있다).

2 말린 나물은 미지근한 물에 씻고 뜨거운 물을 부어 20~30분 불린 후 건져 물기를 꼭 짠다.

3 솥에 ①의 불린 쌀과 나물을 넣고 소금을 조금 넣어 섞은 뒤, 쌀보다 성인 손가락 한 마디 정도 높이 올라오게 밥물을 잡는다.

4 씻은 토마토는 위쪽에 열십자로 칼집을 넣고 ③의 쌀 위에 얹어 밥을 짓는다.

5 밥이 다 되면 토마토 껍질을 벗긴 뒤 으깨면서 밥과 섞는다.

6 분량의 재료를 잘 섞어 향긋한 달래장을 만들어 밥에 비벼 먹는다.

두릅솥밥

봄 향기를 품은 쌉싸름한 두릅은 나물 중 으뜸으로 꼽힙니다. 참두릅과 엄나무 순 그리고 땅두릅인 독활로 나뉘는데, 종류에 상관없이 다 맛있으니 구할 수 있는 것으로 제철 솥밥을 만들어보세요. 두릅 향이 밥에 스며들어 향긋한 밥상을 차릴 수 있습니다. 기본 솥밥 양념장 대신 소금을 넣은 참기름장에 살짝 비벼 먹어도 맛있습니다. 두릅 특유의 쌉싸름한 향이 확 살아나거든요. 두릅이 나지 않는 시기에는 아스파라거스로 대체해 만들어도 좋습니다.

재료

쌀 3컵
두릅 4~5대

✽ 양념간장
간장 4큰술
다진 마늘 1큰술
고춧가루 1큰술
다진 청양고추 1큰술
참기름 2큰술

만드는 법

1   쌀은 깨끗이 씻어 건져둔다.

2   두릅은 나무에서 나는 순으로, 밑동을 칼로 자르면 껍질이 벗겨진다. 이때 가시가 있다면 칼로 살살 벗긴 후 뜨거운 물을 부어 씻어낸다.

3   냄비에 쌀을 넣고 쌀보다 손가락 한 마디 정도 위로 올라오게 밥물을 맞춘 뒤 중불에서 끓인다.

4   끓기 시작해서 물이 졸아들면 두릅을 넣고 뚜껑을 닫아 약불로 불을 줄인 뒤 7~8분 더 가열한다.

5   불을 끄고 3~4분 뜸을 들인 후 분량의 재료로 만든 양념간장을 곁들여 상에 낸다.

TIP 양념간장은 간장, 마늘, 참기름만 있어도 충분하다. 고춧가루, 청양고추 등의 재료는 기호에 따라 넣도록 한다.

무밥

겨울 무에 들기름 향을 입힌 솥밥. 간편하게 만들 수 있고 먹으면 속이 편안한 겨울 솥밥의 정석입니다. 무는 적당한 단맛이 나고, 풍부한 식이섬유와 다량의 비타민 C를 함유하고 있어 쌀과 영양 궁합이 최고예요.

재료

쌀 3컵
무 200g
다시마(5×5cm) 2~3장
소금 조금(2꼬집 정도)

✽ 들기름 양념장
간장 4큰술
들깨 1큰술
송송 썬 쪽파 2큰술
들기름 2큰술

만드는 법

1 쌀은 씻어서 건져둔다.

2 무는 3~4cm 길이로 도톰하게 썬 뒤 소금을 뿌려 절이듯 간을 한다.

3 압력솥에 불린 쌀을 넣고 정량의 물을 부은 뒤 물을 숟가락으로 2큰술 덜어내고 ②의 무를 섞는다.

4 물에 적신 행주로 대충 닦은 다시마를 ③에 얹어 압력솥에 밥을 짓는다.

5 밥이 다 되면 분량의 재료를 섞어 만든 들기름 양념장에 비벼 먹는다.

TIP • 무는 성인 손가락보다 얇은 두께로 써는 게 알맞다. 단, 너무 짧게 썰지 않아야 씹는 맛이 있다.
• 다시마 표면의 흰 가루는 염분과 여러 가지 맛 성분이 밴 것이어서 대충 닦아도 괜찮다. 너무 깨끗이 닦으면 오히려 고유의 감칠맛이 사라진다.

단호박밥

보양식으로 제격인 밥을 채운 통단호박찜. 별도의 양념장 없이 밑반찬 한두 가지를 곁들여 먹어도 맛있습니다. 닭 안심이 있으면 함께 넣고 삼계단호박밥을 만들어보세요. 닭 안심 3~4조각(150g)과 수삼 등을 썰어 넣으면 됩니다.

재료(3개 분량)

쌀 1컵
찹쌀 1컵
제비콩(강낭콩) 2큰술
미니 단호박 3개
깐 마늘 6쪽
수삼 1뿌리
대추 3알
소금 조금

만드는 법

1 깨끗이 씻은 쌀과 찹쌀을 체에 밭쳐 흔들어 씻어 건진 제비콩과 섞어 함께 20~30분 불린다.

2 미니 단호박은 각각 흐르는 물에 씻어 물기를 닦은 뒤 전자레인지에 3~4분 돌려 꼭지 부분을 따서 씨를 파낸다.

3 세척한 수삼을 산 경우에는 흐르는 물에 한 번 씻은 뒤 작게 자른다. 세척하지 않은 흙 묻은 수삼을 산 경우에는 요리용 솔로 삼에 묻은 흙을 꼼꼼하게 씻어내야 한다.

4 마늘은 꼭지를 떼고, 흐르는 물에 씻어 물기를 닦은 대추는 돌려 깎아 씨를 뺀 후 돌돌 만다.

5 단호박 안에 ①의 불린 쌀과 찹쌀, 제비콩 그리고 마늘, 수삼, 대추를 꽉 채우고 소금을 뿌린 뒤 물을 2순가락씩 끼얹는다. 잘라둔 꼭지 부분을 뚜껑처럼 덮는다.

6 압력솥에 물을 바닥에 깔릴 정도로 붓고 ⑤의 단호박을 안쳐 찐다.

TIP 제비콩은 강낭콩의 일종으로 예쁜 색과 모양을 지녔다. 이 콩 대신 완두콩, 서리태 등 어떤 종류의 콩을 넣어도 맛있고 몸에 좋다.

김치콩나물밥

전기밥솥에 밥을 안치고 김치와 양념한 소고기, 콩나물을 듬뿍 올려 취사 버튼만 누르면 푸짐하게 완성되는 간편하기 이를 데 없는 솥밥. 함께 넣은 재료에서 수분이 나오므로 밥물은 일반 밥 짓기보다 조금 줄여서 잡으면 됩니다. 그대로 먹어도 맛있지만, 솥밥에 곁들이는 양념간장에 비비거나 들기름, 참기름, 버터만 더해 비비면 풍미가 한층 살아납니다.

재료

쌀 3컵
송송 썬 김치 1컵
콩나물 1과 1/2줌(120g)
불고기용 소고기 150g

✽ 불고기 양념
간장 2큰술
다진 마늘 1/2큰술
다진 생강 조금
청주 1큰술
참기름 1큰술
후춧가루 조금

✽ 양념간장
간장 4큰술
다진 마늘 1큰술
고춧가루 1큰술
다진 청양고추 1큰술
참기름 2큰술

만드는 법

1 쌀은 깨끗이 씻어 건져둔다.

2 콩나물은 깨끗하게 다듬어 물에 흔들어 씻은 뒤 체에 밭쳐 물기를 뺀다.

3 분량의 재료를 섞어 불고기 양념을 만든 뒤 먹기 좋게 썬 소고기를 양념한다.

4 전기밥솥에 쌀을 안치고 밥물을 알맞게 잡은 후 송송 썰어 물기를 꼭 짠 김치, 불고기 양념에 재운 소고기, 콩나물 순서로 올린 후 밥을 짓는다.

5 밥이 다 되면 취향에 따라 양념간장을 곁들여 비벼 먹는다.

TIP • 전기밥솥 대신 냄비에 해도 된다. 냄비밥을 지을 때는 불린 쌀에 모든 재료를 올린 상태에서 뚜껑을 열고 물이 졸아들 때까지 끓인 다음, 뚜껑을 닫고 5분 정도 뜸을 들이면 완성된다.
• 콩나물에서 수분이 나오므로, 밥물은 평소처럼 성인 손가락 한 마디 높이로 올라오게 잡은 다음 3~4큰술 덜어내는 것이 좋다. 이렇게 하면 질지 않고 딱 먹기 좋은 밥이 완성된다.

약밥

약밥도 전기밥솥으로 아주 간편하게 만들 수 있습니다. 원래는 찜기에 두 차례 쪄내야 하지만, 압력 기능이 있는 전기밥솥이라면 쌀과 밥, 양념을 넣고 밥 짓듯이 쉽게 만들 수 있어요. 잣, 대추 등의 고명은 약밥이 완성된 후 뜨거울 때 넣어야 뭉개지지 않아요.

재료

찹쌀 3컵
대추 15알
깐 밤 15톨
잣 1/2컵
깐 호두 1컵
건포도 1/2컵

* 양념
간장 1/2컵
흑설탕 1/2컵
시나몬 파우더 1/2큰술
후춧가루 조금
물엿 4큰술
참기름 4큰술

만드는 법

1 찹쌀은 씻어서 체에 밭쳐둔다.

2 대추는 흐르는 물에 씻어 물기를 닦은 뒤 돌려 깎아서 씨를 제거하고 다시 말아둔다.

3 잣은 고깔을 떼어내고 키친타월로 닦는다.

4 분량의 재료를 잘 섞어 양념을 만들어둔다.

5 전기밥솥에 찹쌀과 깐 밤을 양념과 함께 잘 섞어서 밥을 지은 후 손질해 둔 대추, 잣, 호두, 건포도를 넣고 잘 섞어서 한 김 식혀 먹는다.

TIP 약과, 약식 등 예부터 참기름과 꿀이 들어간 음식에는 '약'이라는 단어를 붙였다. 이는 속을 보호하고 식중독 등의 질병을 예방하는 귀한 재료임을 나타내는 의미라고 한다. 약밥 역시 약이 되는 밥이라는 뜻이다.

곁들이 반찬은 필요 없다.
간편하게 만드는 볶음밥

프라이팬에 각종 재료를 한데 넣고 볶기만 하면 금세 완성
되는, 가장 쉬운 요리라 할 수 있는 밥 레시피. 그럼에도 맛
을 내는 비결이 있으니 바로 '조화로운 식감'입니다. 그리고
어떤 재료를 조합하는지에 따라 식감은 천차만별이지만, 결
국 기본이 되는 것은 고슬고슬한 '밥'이죠. 그러므로 갓 지
은 밥으로 만든다면 다른 재료를 준비하기 전에 밥을 퍼서
한 김 식히는 과정이 중요합니다.

* 모든 음식은 2인분 기준으로 만들었다.

스팸김치볶음밥

가장 흔한 볶음밥이지만 워낙 좋아하고 자주 만들다 보니 나만의 맛 내는 비법까지 찾아낸 메뉴입니다. 우선 갓 지은 밥을 볶는다면 쟁반에 펼쳐 김을 빼서 꼬들꼬들한 식감을 살립니다. 김치는 되도록 물기를 꽉 짭니다. 포인트는 바로 고추장 한 숟가락. 고추장 양념은 김치가 밥알에 잘 붙도록 하는, 이를테면 풀 같은 역할을 합니다. 또 설탕을 조금 넣으면 감칠맛이 훨씬 좋아집니다.

재료

밥 1과 1/2공기
송송 썬 배추김치 1컵
스팸 100g
달걀 2개
고추장 1/2큰술
설탕 1큰술
올리브 오일 적당량
통깨(고명용) 조금
참기름 1큰술

만드는 법

1 프라이팬에 올리브 오일을 두르고 적당한 크기로 썬 스팸을 굽다가 송송 썬 김치, 고추장, 설탕을 넣어 맛나게 볶는다. 김치는 손가락 두 마디 정도 크기가 적당하다.

2 ①에 밥을 넣고 잘 섞어가며 센불에 볶는다. 볶다가 기름이 부족한 듯하면 올리브 오일을 조금 더 넣고 볶는다.

3 달걀은 취향에 맞춰 프라이를 한다.

4 볶음밥을 그릇에 담고 달걀프라이를 얹은 뒤 통깨를 뿌리고 참기름을 두른다.

TIP 김치를 볶은 프라이팬에 그대로 달걀프라이를 하면 김치가 밴 기름의 풍미가 더해져 훨씬 맛있다. 또, 조미김과 같이 볶아도 맛있다.

새우달걀볶음밥

어느 집에나 구비되어 있게 마련인 달걀과 냉동 새우 살로 순식간에 만들어 풍부한 단백질을 섭취할 수 있는 밥 한 그릇. 달걀물을 새우 살과 함께 양념에 볶아도 맛있고, 밥에 달걀물을 섞어 볶다가 새우 살을 더해도 색다른 식감으로 즐길 수 있습니다. 이 요리는 모든 과정을 빠르게 진행해야 물이 생기거나 볶음밥이 딱딱해지지 않으니 이 점을 주의하세요.

재료

밥 1과 1/2공기
달걀 2개
새우 살(작은 홍새우 살) 80g
부추 1/2줌(30g)
다진 마늘 1큰술
올리브 오일 적당량
간장 1큰술
설탕 1/2큰술
참기름 2큰술
소금·후춧가루 조금씩

만드는 법

1 새우 살은 흐르는 물에 재빠르게 흔들어 씻은 뒤 물기를 뺀다.

2 부추는 씻어 물기를 뺀 뒤 2cm 정도 길이로 썬다.

3 올리브 오일을 두른 프라이팬에 다진 마늘과 새우 살을 넣고 잠시 볶다가 간장과 설탕을 넣어 맛을 낸다.

4 달걀은 볼에 풀어 달걀물을 만든 뒤 ③에 살살 부어 부드럽게 익힌다.

5 ④에 밥을 넣어 펴면서 볶다가 소금과 후춧가루로 간을 한 다음 참기름으로 맛을 더한다. 마지막에 썰어둔 부추를 위에 올린다.

파김치볶음밥

파김치는 푹 익은 것이나 덜 익은 것 어느 쪽을 써도 모두 맛있습니다. 들기름과 파김치가 의외로 잘
어울리는 볶음밥이니 김에 싸서도 먹어보세요.

재료   밥 1과 1/2공기, 파김치 한 줌(5~6대), 파김치 국물 2/3컵, 들기름 3~4큰술, 부순 조미김 1컵

만드는 법   1   파김치는 가위로 적당한 길이로 자른다.

2   밥과 자른 파김치와 파김치 국물을 섞는다.

3   프라이팬에 들기름을 두르고 ②의 밥을 넣어 센불에 볶는다.

4   불을 끄고 ③의 밥을 그릇에 담은 뒤 조미김을 얹어 섞는다. 들기름을
뿌려 먹으면 더욱 고소하다.

알리오올리오볶음밥

냉장고를 비울 때 만들어 먹는 음식으로 추천하는 메뉴입니다. 냉장고에 조금씩 남은 채소들이 쌓일 때 모두 꺼내 잘게 썰어 올리브 오일로 볶아보세요. 치즈 가루가 없다면 체다 치즈 같은 슬라이스 치즈를 밥 위에 덮어도 짙은 풍미를 낼 수 있습니다.

재료   밥 1과 1/2공기, 마늘 5쪽, 양파 1/2개, 청양고추 1~2개, 당근이나 깻잎(냉장고 속 채소) 조금
올리브 오일 6큰술, 소금·후춧가루 조금씩, 파르메산 치즈 가루(또는 슬라이스 치즈) 조금

만드는 법

1 씻어 꼭지를 뗀 마늘은 칼을 눕혀 눌러 으깬다. 양파는 큼직하게 썰고
   청양고추는 얄팍하게 송송 썬다.

2 냉장고에 있던 당근, 깻잎 등의 채소도 청양고추 크기로 모두 잘게 썬다.

3 프라이팬에 올리브 오일을 두르고 마늘과 양파를 볶다가 ②의 잘게 썬
   채소를 모두 넣어 끓이듯이 볶는다.

4 ③에 밥을 넣고 볶다가 소금과 후춧가루로 간을 한다. 간을 한 뒤 준비
   한 치즈를 밥 위에 듬뿍 뿌린다.

마늘종제육볶음밥

제육볶음은 한국인 누구나 사랑하는 대표 볶음 요리로, 다른 반찬이 필요 없는 밥도둑 메뉴입니다. 마늘종과 담백한 돼지고기 앞다리 살을 함께 볶으면 아삭하고 쫄깃한 식감이 환상적인 궁합을 이룹니다. 이뿐만 아니라 마늘종이 돼지고기의 느끼한 맛을 잡아주고, 은은한 마늘 향은 고기의 풍미를 한층 살려주죠. 반찬이나 안주로도 훌륭하지만, 밥과 함께 볶아 든든한 식사로 즐겨도 별미입니다.

재료

밥 1과 1/2공기
마늘종 5~6대
돼지고기 앞다리 살 400g
올리브 오일 적당량
참기름 조금

✳ 고기 양념
고추장 2큰술
까나리액젓 1/2큰술
양조간장 1큰술
설탕 3큰술
청주 1큰술
다진 마늘 1큰술
다진 생강 1/2큰술
후춧가루 조금
참기름 1큰술

만드는 법

1   돼지고기는 칼로 다지듯 두드린 후 분량의 재료를 섞어 만든 고기 양념에 조물조물 버무려 양념한다.

2   마늘종은 씻어서 물기를 제거한 뒤 작게 송송 썬다.

3   올리브 오일을 두른 프라이팬에 양념해 둔 ①의 돼지고기를 볶다가 고기가 다 익으면 마늘종을 넣고 센불에 빠르게 볶는다.

4   ③이 거의 볶아지면 밥을 넣고 잘 섞이게 볶는다. 불을 끈 뒤 참기름을 넣어 고소한 맛과 향을 더한다.

묵은지소고기
버터볶음밥

엄마에게 배운 레시피로, 간장버터밥의 가외 버전으로 소개합니다. 어릴 적 자주 남은 밥과 김치를 버터에 볶아 김에 싸 먹었는데, 희한하게 단맛이 나서 설탕밥이라고 불렀어요. 저는 여기에 소고기를 넣어 감칠맛을 더했는데, 한번 씻어 물기를 꼭 짠 묵은지를 쓰면 훨씬 맛있습니다.

재료

밥 1과 1/2공기
송송 썬 묵은지 1컵
다진 소고기 100g
버터 2큰술
참기름 2큰술
간장 2큰술
통깨(고명용) 조금
버터(곁들이용) 조금
간장(곁들이용) 조금

만드는 법

1   묵은지는 물에 씻어 김칫소를 털어내고 물기를 꼭 짜서 송송 썬 다음, 참기름을 넣어 슬쩍 버무린다.

2   버터를 두른 팬에 ①의 김치를 잠시 볶다가 다진 소고기를 넣고 간장 2큰술로 간을 해 고기가 익을 때까지 볶는다.

3   ②에 밥을 넣고 중불 이상의 불에 잘 섞으면서 볶는다. 그릇에 담고 깨를 뿌려 낸다. 고소한 맛과 향을 더할 수 있도록 버터와 간장을 곁들인다.

푸짐하고 몸에 좋은
일품요리, 덮밥

요즘은 동네마다 맛있는 반찬을 만들어 파는 전문점이 많아 사 먹는 경우가 흔하지만, 그럼에도 끼니때마다 몇 가지 반찬을 일일이 차려내는 것은 쉽지 않은 일. 게다가 며칠씩 같은 반찬을 먹기가 쉽지 않다 보니 결국 버리게 되는 경우도 허다해 아깝고 죄책감이 들기도 합니다. 이런 이유로 가족과 함께 먹는 집밥도 반찬 남길 걱정 없는 '푸짐한 일품요리' 스타일을 선호하게 되었으니, 바로 덮밥입니다. 육류, 해산물, 각종 채소를 내 입맛대로 자유롭고 조화롭게 조합해 요리하면 무궁무진한 종류의 이색 덮밥을 만들 수 있어요. 푸짐한 한 그릇으로 밥과 반찬이 동시에 해결되니 간편하고, 기본 레시피대로 만들어 밥만 빼면 일품요리로도 손색없습니다.

* 모든 음식은 2인분 기준으로 만들었다.

돼지고기부추덮밥

반찬이 마땅찮을 때 후다닥 만들어 푸짐하게 먹는 한 끼 식사입니다. 혈당 관리에 도움이 되는 부추와 단백질 공급원인 돼지고기가 주재료로, 당뇨 환자는 물론 건강에 이로운 식단을 원하는 모든 분께 추천합니다.

재료

밥 2공기
돼지고기 삼겹살 500g
양파 1/2개
깐 마늘 3쪽
조선부추 한 줌(80g)
올리브 오일 적당량

✻ 까나리액젓 소스
간장 2큰술
까나리액젓 1큰술
다진 마늘 1큰술
다진 생강 1큰술
설탕 2큰술
청주 1큰술
후춧가루 조금
참기름 2큰술

만드는 법

1 삼겹살은 칼집을 사선으로 넣은 뒤 6cm 너비로 큼직하게 썬다.

2 양파는 껍질을 까서 씻은 뒤 얇게 채 썬다.

3 마늘은 꼭지를 딴 뒤 칼을 눕혀 세게 쳐서 눌러 으깬다.

4 올리브 오일을 두른 팬에 ③의 마늘을 넣고 향을 낸 뒤 삼겹살을 앞뒤로 노릇하게 굽는다.

5 ④의 팬에 기름이 배어 나오면 채 썬 양파를 넣고 볶는다.

6 분량의 재료를 넣고 만든 까나리액젓 소스를 절반 부어 삼겹살에 양념을 입힌다.

7 가닥가닥 손질해 씻은 부추는 성인 손가락 두 마디 길이로 썰어 까나리액젓 소스에 버무린다.

8 밥 위에 먼저 양파를 깔고 구운 삼겹살을 길게 얹은 뒤 부추를 올려 마무리한다. 기호에 따라 까나리액젓 소스를 더 넣어서 먹는다.

TIP 돼지고기는 부위에 따라 맛과 특성이 달라 알아두면 유용하다. 앞다리 살은 쫄깃한 식감으로 사랑받고, 뒷다리 살은 운동량이 많아 씹는 맛이 좋아서 장조림용으로 주로 쓰인다. 기름이 많아 감칠맛이 풍부한 삼겹살은 한국인이 가장 사랑하는 부위! 구워 먹을 때 가장 맛있지만 찜 요리를 해도 잘 어울린다. 한편 등심은 지방 함량이 가장 낮아 다이어트할 때 알맞고, 목살은 지방과 살코기의 비율이 적당해 어떤 요리에나 무난히 어울린다.

④   ⑤   ⑥

TIP **1** 돼지고기를 마늘과 함께 노릇하게 볶을 때, 미리 만들어둔 소스를 고기 면에 가볍게 발라 익히면 맛이 더 진하게 밴다.

      4 채 썬 양파는 식감이 살아 있도록 너무 무르지 않은 정도로 볶는다.

     5-6 우선 양파부터 부어서 깔고, 그 위에 돼지고기를 올리면 보기에도 좋다.

소고기다다키덮밥

특별한 날 손님 초대상에도 밥이 빠질 순 없는데, 이때 신경 써서 만드는 음식입니다. 소고기 다다키를 만드는 과정이 핵심인데, 소고기의 겉면이 살짝 익고 안쪽은 레어 상태가 되도록 굽는 것이 중요합니다. 신선한 고기를 선택하는 건 기본이며, 양면을 1~2분 내에 재빨리 구운 뒤 바로 식히면 부드러운 식감으로 완성할 수 있습니다.

재료

밥 2공기
소고기 등심 300g
올리브 오일 조금
어린잎 샐러드 채소 한 줌(60g)

＊ 밥 양념
식초 1큰술
설탕 1큰술
참기름 1큰술
소금 조금

＊ 고기 양념
된장 3큰술
고추장 1큰술
다진 마늘 1큰술
들기름 2큰술

＊ 고추냉이 마요네즈 소스
마요네즈 2큰술
고추냉이 페이스트 1작은술
설탕 1큰술

만드는 법

1   소고기 등심은 덩어리째 분량의 재료로 만든 양념에 잠시 재워둔다.

2   뜨겁게 달군 팬에 올리브 오일을 두르고 ①을 올려 겉면만 색이 나도록 센불에서 재빨리 굽는다.

3   ②의 고기를 꺼낸 뒤 바로 얼음물에 1~2분 담가 식혀 물기를 없앤다.

4   밥은 분량의 재료를 섞어 만든 양념으로 버무린다.

5   어린잎 채소는 씻어 체에 건져둔다.

6   분량의 재료를 섞어 고추냉이 마요네즈 소스를 만든다.

7   고기는 먹기 좋은 두께로 도톰하게 썬다.

8   그릇에 밥을 담고 소고기 다다키를 올린다. 한편에는 어린잎 채소를 풍성히 놓고, 남은 고기 양념도 함께 얹는다.

9   고추냉이 마요네즈 소스를 곁들여 상에 낸다.

TIP 소고기 다다키의 포인트는 냉각 과정. 굽고 나서 바로 얼음물에 식히면 고기가 더욱 탱글탱글한 식감을 갖게 된다. 얼음물에 담그는 대신 냉장고에 넣어 식혀도 된다.

닭고기달걀덮밥

달착지근한 소스가 스며든 고기와 달걀을 밥에 올려 먹는 일본식 '오야코돈'을 한국풍으로 바꿔본 덮밥. 청양고추를 넣어 맵싸하게 구운 닭고기에 소스를 뿌리면 밥 없이 안주로 먹어도 맛있습니다.

재료

밥 2공기
닭 다리살 400g
청양고추 3개
홍고추 1개
다진 마늘 1큰술
우유 3큰술
옥수수 전분 3큰술
달걀 2개
소금·후춧가루 조금씩
올리브 오일 조금
참기름 조금
간장·설탕 조금씩

만드는 법

1 닭 다리살은 뼈 없이 살로만 준비해서 흐르는 물에 씻어 물기를 제거한 뒤 2~3조각으로 등분해 잘라 얄팍하게 저민다. 소금과 후춧가루, 다진 마늘을 버무려서 밑간한 다음 우유 3큰술을 넣어 버무려둔다.

2 청양고추와 홍고추는 씻어서 씨를 발라내고 잘게 다진다.

3 ①과 ②를 섞고 옥수수 전분을 넣어 잘 버무린다.

4 잘 버무린 닭은 올리브 오일을 두른 팬에 중불 정도에서 노릇하게 앞뒤로 구워 접시에 옮겨둔다.

5 구운 닭을 꺼낸 프라이팬에 물, 간장, 설탕, 후춧가루, 참기름을 넣어 저으면서 약불에서 살살 끓이다가 달걀을 풀어 조심스럽게 넣으면서 소스를 만든다.

6 밥을 담은 접시에 구운 닭과 소스를 부어서 덮밥을 완성한다. 기호에 따라 고추를 더 얹어서 먹어도 된다.

TIP 닭 다리살을 밑간할 때는 꼭 우유를 넣는다. 유당 성분 덕분에 닭 살이 한층 부드럽고 감칠맛 난다. 그뿐만 아니라 닭 껍질도 더욱 맛있어진다.

가지덮밥

기름에 지진 가지를 두반장을 넣은 양념에 버무려 밥에 얹은 중화풍 덮밥. 가지에 입히는 달걀물은 거품이 나도록 풀어 참기름을 더하는데, 이는 바삭한 식감을 살리는 비결입니다. 매콤한 맛과 향을 더하고 싶으면 청양고추를 송송 썰어 넣어 마무리하세요. 그리고 마지막 참기름 두르기도 필수! 고소한 풍미를 한층 높여줍니다.

재료

밥 2공기
가지 2개
소금·후춧가루 조금씩
밀가루 2큰술
옥수수 전분 2큰술
달걀 1개
간장 1/2큰술
참기름 1/2큰술
올리브 오일 적당량

✽ 양념
다진 양파 1컵
다진 마늘 2큰술
다진 쪽파 2큰술
굴소스 2큰술
두반장 2큰술
물 5큰술
설탕 1큰술
참기름 조금
후춧가루 조금

만드는 법

1 가지는 손으로 문질러 씻은 뒤 큼지막하게 어슷어슷 썰어서 소금과 후춧가루로 간한다.

2 달걀을 거품이 나게 풀고 간장과 참기름을 넣어 섞는다.

3 가지를 달걀물에 버무린 뒤, 밀가루와 전분을 섞은 가루를 묻혀 올리브 오일을 넉넉하게 두른 프라이팬에 노릇하게 지진다.

4 가지를 꺼낸 프라이팬에 다진 양파와 마늘, 쪽파를 볶다가 굴소스와 두반장, 물, 설탕을 넣어 약불에 졸이듯 끓인다. 방울이 보글보글 올라오면 참기름과 후춧가루로 맛을 더한다.

5 ④에 기름에 지진 가지를 넣어 두세 번 버무려 양념을 잘 묻힌 뒤 밥 위에 얹는다.

베이컨김치덮밥

베이컨을 구운 기름에 김치를 볶아 고소한 풍미를 배가한 덮밥. 베이컨을 잘라 김치와 함께 볶아도 좋지만, 덮밥으로 먹을 때는 김치를 얹고 그 위에 베이컨을 통째로 덮어 먹음직스러운 모양새로 만듭니다. 여기에 김자반까지 듬뿍 올리면 맛의 밸런스가 훨씬 좋아지죠. 맛있는 베이컨만 있으면 무조건 실패 없는 한 끼를 완성할 수 있습니다.

재료

밥 2공기
송송 썬 김치 2컵
베이컨 6장
올리브 오일 적당량
김자반 3~4큰술
고추장 1/2큰술
참기름 조금
설탕 1큰술

만드는 법

1　프라이팬에 베이컨을 바싹 구워 꺼내둔다.

2　①의 팬에 올리브 오일을 더 두른 뒤 김칫소를 털어내고 김칫국을 짜서 송송 썬 김치를 볶다가 고추장과 설탕을 넣어 살짝 더 볶는다.

3　밥 위에 구운 베이컨과 볶은 김치를 얹고 김자반을 올린 뒤 참기름을 조금 뿌려 비벼 먹는다.

TIP '베이컨리얼리즘'의 베이컨은 설탕, 항생제, 발색제를 넣지 않고 만든다. 눈으로 보기에 신선한 붉은 고기 색이 아닐 수 있지만, 훨씬 자연스러운 풍미를 느낄 수 있고 심적으로도 안심된다.

연어된장구이덮밥

연어를 된장으로 조리하면 맛의 조화가 매우 뛰어납니다. 사실 연어된장구이의 맛을 아는 사람은 일본 된장(미소)을 이용한 레시피에 익숙할지 모르나, 우리 된장을 기본으로 한 소스를 쓰면 요즘 우리 입맛에 딱 맞는 연어된장구이를 만들 수 있습니다. 취향에 따라 함께 소개한 비빔 소스를 곁들여도 좋아요.

재료

밥 2공기
스테이크용 연어 2토막(200g)
파채 한 줌(50g)
올리브 오일 적당량
통깨 조금

＊ 된장 소스
된장 2큰술
다진 마늘 1큰술
설탕 2큰술
청주 3큰술
후춧가루 조금

＊ 비빔 소스
간장 2큰술
다진 마늘 1큰술
설탕 1큰술
사과 주스 2큰술
후춧가루 조금
참기름 2큰술

만드는 법

1   파채는 찬물에 잠시 담가 매운맛을 빼고 좀 더 생생해지게 한다. 키친타월로 꼭꼭 눌러 닦거나 체에 밭쳐 물기를 잘 뺀다.

2   된장 소스와 비빔 소스는 각각 분량의 재료를 잘 섞어서 만든다.

3   스테이크용 연어는 흐르는 물에 살짝 헹구듯 씻어 키친타월로 물기를 닦아낸 뒤 올리브 오일을 두른 프라이팬에 올려 중불에 서서히 앞뒤로 굽는다. 냉동 상태인 경우에는 전날 냉장실에 넣어 두어 해동하는 게 제일 좋다.

4   연어가 잘 익으면 약불로 줄이고, 된장 소스를 발라가며 잠시 더 굽는다.

5   밥 위에 구운 연어와 파채를 올리고 통깨를 뿌린 뒤 취향에 따라 비빔 소스를 곁들인다.

TIP • 생선은 센불에 구우면 겉은 타고 속은 익지 않는다. 또 수분을 완전히 날려야 비린내가 나지 않는다. 보드랍고 타지 않은 생선구이의 비결은 중불에 서서히 굽기와 수분 제거임을 기억해 두자.
• 이 책에서 소개하는 요리에는 된장으로 '샘표'에서 판매하는 토장을 썼다.

마파두부덮밥

중국요리의 대가 여경옥 셰프에게 배운 요리입니다. 단단한 두부로 만들어도 괜찮지만, 덮밥으로 먹을 때는 부드러운 연두부가 쓱쓱 비벼 먹기에도 훨씬 더 잘 어울리는 것 같아 추천합니다. 돼지고기 대신 소고기나 새우 살로 만들어도 맛있습니다.

재료

밥 2공기
연두부 1모
다진 돼지고기 150g
송송 썬 쪽파 1/2컵
다진 마늘 1큰술
다진 생강 1/2큰술
마라 양념장(시판 제품) 2큰술
굴소스 1큰술
설탕 1/2큰술
물 4큰술
올리브 오일 적당량
참기름 2큰술
전분물(옥수수 전분 2큰술 + 물 3큰술)

만드는 법

1 옥수수 전분 2큰술과 물 3큰술을 잘 저어서 전분물을 만든다.

2 올리브 오일을 두른 팬에 돼지고기와 다진 마늘과 생강, 쪽파를 넣고 센불에 저어가면서 볶는다.

3 ②의 재료들이 반 정도 익으면 마라 양념장, 굴소스, 설탕을 넣어 볶다가 물 4큰술을 붓고 끓기 시작하면 미리 만들어둔 전분물을 넣어 걸쭉하게 농도를 맞춘다.

4 ③에 연두부를 넣고 약불에서 살살 섞는다. 마지막에 참기름을 두르고 섞어 마파두부 소스를 마무리한다.

5 ④를 따뜻할 때 밥 위에 얹어서 먹는다.

TIP 양념에 들어가는 마라 양념장은 시판하는 제품을 쓰면 되는데, 이 요리에는 '오뚜기'의 마라 소스 제품을 넣었다. 마라 맛이 싫으면 일반 두반장을 써도 된다.

오징어덮밥

오징어볶음은 매콤한 맛을 살려 만들어야 제맛이죠. 손질한 오징어를 양념장에 버무릴 때, 시간 여유가 있다면 진공 팩에 넣어 잠시 냉장 숙성시키세요. 양념이 잘 배어 훨씬 맛있습니다. 김치볶음밥과 마찬가지로 고추장, 설탕 양념에 볶으면 재료의 맛이 전체적으로 잘 어우러집니다.

재료

밥 2공기
오징어 1마리
양파 1/2개
쪽파 3대
올리브 오일 적당량

✽ 양념
고춧가루 4큰술
고추장 1큰술
간장 2큰술
청주 2큰술
다진 마늘 2큰술
설탕 2큰술
후춧가루 조금
참기름 1큰술
통깨(가니시용) 조금

만드는 법

1 오징어는 씻어서 껍질을 벗기고 몸통과 다리를 분리한 뒤 안쪽에 사선으로 칼집을 넣는다 껍질을 벗겨야 보드랍고, 보관할 때도 신선한 상태가 오래 유지된다. 오징어에 소금을 뿌려가며 껍질을 벗기면 훨씬 수월하다.

2 칼집을 넣은 오징어는 도톰하게 성인 손가락 굵기 정도로 썬다.

3 양파는 껍질을 벗겨 씻어 너무 얇지 않게 채 썬다. 쪽파도 손질해 양파와 비슷한 길이로 썬다.

4 분량의 재료를 섞어 양념장을 만든다.

5 올리브 오일을 두른 팬에 양파를 볶다가 오징어를 넣어 볶는다. 오징어가 익기 시작하면 양념과 쪽파를 넣고 센불에 볶는다.

6 ⑤를 밥 위에 올리고 깨를 뿌려 완성한다.

TIP 해마다 해수 온도가 상승하면서 오징어 품귀 현상이 지속되는데, 잡자마자 배에서 바로 얼린 선동 오징어를 구입하면 더 싱싱한 상태로 먹을 수 있다.

건강 죽

죽은 약해진 위장을 다독이고, 빠르게 에너지를 공급하며, 소화 흡수가 잘
되는 장점을 가진 우리나라 전통의 쌀 요리입니다. 주로 쌀의 6배 정도로
물을 넣고 푹 무르도록 익혀서 먹지만, 쌀을 갈아서 쑤거나 다른 국물을
쓰는 경우도 많습니다.

달걀죽

버섯야채죽

소고기미역죽

조갯살김치죽

달걀죽

달걀은 미리 양념을 해야 특유의 비린 맛이 나지 않습니다.

재료   불린 쌀 1컵, 달걀 3개, 송송 썬 쪽파 1컵, 통깨 조금, 참기름 1큰술, 간장 1큰술, 소금·후춧가루 조금씩

만드는 법

1. 달걀은 잘 풀어서 참기름과 간장을 넣고 섞는다.

2. 냄비에 불린 쌀과 물 3컵을 넣고 물이 졸아들고 걸쭉해질 때까지 저어가면서 끓인다.

3. 죽의 농도가 끈적한 느낌이 나면 ①의 달걀을 넣고 저으면서 달걀이 살짝 익을 때까지 약불로 끓인다.

4. 죽이 완성되면 불을 끄고 통깨와 쪽파를 넣은 후 소금과 후춧가루로 간한다.

버섯야채죽

생표고를 쓸 때는 버섯 기둥까지 모두 다져 넣어 향을 끌어올리세요.

재료   불린 쌀 1컵, 말린 표고버섯 3개, 다진 양파 1큰술, 다진 당근 1큰술, 다진 마늘 1큰술, 들깻가루 1큰술, 올리브 오일 조금, 들기름 1큰술, 소금·후춧가루 조금씩

만드는 법

1. 말린 표고버섯은 미지근한 물에 담가 불린 후 기둥을 떼어내고 얇게 썬다.

2. 당근과 양파, 마늘은 모두 잘게 다진다.

3. 냄비에 올리브 오일을 조금 두르고 ②의 채소와 표고버섯을 볶다가 불린 쌀을 넣고 쌀이 투명해질 때까지 볶는다.

4. ③에 소금과 후춧가루로 간을 한 뒤 물 3컵을 붓고 중불에서 끓이기 시작한다. 물이 줄면서 걸쭉해지면 약불로 줄여서 죽은 완성한다. 들깻가루와 들기름을 뿌려 먹는다.

소고기미역죽

쌀을 갈아 죽을 쑤면 맛이 한층 고급스럽습니다.

재료   불린 쌀 1컵, 소고기 양지머리 100g, 불린 미역 한 줌, 참기름 3큰술, 국간장 1큰술, 까나리액젓 1큰술, 다진 마늘 1/2큰술, 후춧가루 조금

만드는 법

1 불린 쌀은 믹서에 굵게 간다.

2 양지머리는 물에 한 번 씻어 핏물과 물기를 제거한 뒤 최대한 작게 썬다.

3 미역은 불려서 씻은 뒤 물기를 짜서 작게 썬다.

4 냄비에 참기름을 두르고 다진 마늘과 양지머리를 볶다가 미역을 넣고 국간장과 까나리액젓을 넣어 간을 한 후 조금 더 볶는다.

5 ④에 믹서에 간 쌀을 넣고 물을 3컵 정도 부어 걸쭉해질 때까지 약불에서 저으면서 죽을 완성한다. 후춧가루를 약간 뿌려 먹는다.

조갯살김치죽

죽에 까나리액젓을 넣으면 깊은 맛이 배가됩니다.

재료   불린 쌀 1컵, 조갯살 80g, 송송 썬 김치 1/2컵, 김칫국 1/2컵, 국간장 1큰술, 까나리액젓 1큰술, 설탕 1/2큰술, 고추장 1/2큰술, 김자반 1큰술, 참기름 적당량

만드는 법

1 냄비에 참기름 3큰술을 두르고 송송 썬 김치, 설탕, 고추장, 까나리액젓, 국간장을 넣어 볶다가 김치가 어느 정도 숨이 죽고 볶아지면 김칫국을 부어 잠시 끓인다.

2 ①에 불린 쌀을 넣고 물을 3~4컵 부어 물이 부글부글 끓으면서 줄기 시작하면 중불로 줄여서 계속 저으면서 끓인다.

3 ③이 걸쭉해지기 시작하면 흐르는 물에 잠깐 흔들어 씻은 뒤 물기를 뺀 조갯살을 넣고 더 약한 불로 끓여서 죽을 완성한다.

4 완성된 죽을 그릇에 담은 뒤 김자반을 위에 올리고 참기름을 조금 넣어 고소하게 먹는다.

Part **2**

한식에서 양식까지,
세계의 별미 밥 한 그릇

Rice Dishes of the World

밥은 경계 없이 자유롭다

저는 어릴 적부터 밥상에 오른 쌀밥 맛에 워낙 까다로웠고, 이와는 별개로 음식 맛에 대한 호기심도 무척 컸어요. 20년 전 미국에서 유학 생활을 시작한 후로는 나라마다 그 나라 사람들이 특별히 애정을 품은 밥 요리가 있다는 사실을 깨달았어요. 그렇게 세계의 다양한 밥을 먹어보면서 쌀의 종류와 조리법을 차근차근 배울 수 있었습니다. 한국에서 푸드 칼럼니스트, 스타일리스트, 요리연구가로 일한 경험도 제 밥 요리의 범주를 확장하는 데 큰 몫을 했습니다. 일의 성격상 전국 방방곡곡, 세계 곳곳을 돌아다니며 갖은 음식을 먹어본 덕에 미식 여행자라는 타이틀도 얻게 되었죠. 이런 시간을 거쳤기에 '쌀가게'에 이어 이탈리아 밥집 '솔트'를 자신 있게 오픈했고 현재의 레스토랑 '씨즌서울'까지, 10년이 지난 지금까지도 사랑받는 식당으로 남을 수 있었던 것 같습니다. 이런 의미를 담아 제가 그동안 먹어보고 감탄한 밥 요리를 모았습니다. 한식과 양식의 경계를 벗어나, 누구나 맛있게 먹을 수 있도록 개발한 레시피를 소개합니다.

* 모든 음식은 2인분 기준으로 만들었다.

명란리소토

'솔트'의 시그니처 메뉴 중 하나는 단연 명란오일파스타. 10년 전부터 만들기 시작한 파스타로, 아주 다양한 명란을 써보며 지금의 저염 명란을 발견하게 되었습니다. 명란오일파스타의 변형인 명란리소토는 집밥으로 자주 해 먹는 음식으로, 명란을 모두 밥에 풀어 넣어도 되고, 일부를 남겨 리소토 위에 얹어도 좋습니다. 특히 오분도미로 리소토를 만들면 마치 이탈리아의 아르보리오 쌀로 만든 것처럼 식감이 살아 있어 참 맛있어요.

재료

쌀(오분도미) 1컵
백명란 2큰술
대파 흰 부분(15cm) 1대
셀러리 1대
다진 마늘 1큰술
크러시드 레드 페퍼 1자밤
올리브 오일 적당량
소금·후춧가루 적당량씩

만드는 법

1   쌀(오분도미)은 1~2회 씻어 건져 물기를 완전히 빼고 불린다.

2   대파와 셀러리는 손질해 씻어서 잘게 다진다. 셀러리 대가 질길 경우에는 채칼로 껍질을 살짝 벗겨서 넣는다.

3   백명란은 가운데 칼집을 넣어서 껍질과 알을 분리한다.

4   팬에 올리브 오일을 두르고 쌀과 다진 마늘, 다진 파, 다진 셀러리를 충분히 볶는다. 중간중간에 물을 1큰술씩 부어가며 볶는다.

5   ④에 크러시드 레드 페퍼를 넣고 소금과 후춧가루로 간을 한다.

6   쌀이 투명해지면 물을 반 컵 정도 붓고 껍질 벗긴 명란 일부를 풀어서 약불에서 저어가며 익힌다.

7   ⑥에 올리브 오일을 충분히 두르고 쌀알이 반짝반짝하게 코팅이 되도록 주걱으로 휘젓는다.

8   접시에 잘 펴서 담고 남은 명란을 올린 뒤 올리브 오일과 후춧가루를 조금씩 뿌린다.

TIP 오분도미가 없다면 백미나 현미로 만들어도 된다.

버섯크림리소토

별도의 농도 조절용 루를 만들 필요 없는, 진하고 고소한 버섯 크림소스로 만든 일품요리. 버섯 크림소스는 냉장고에 보관해 두고 수프나 파스타 요리에 두루 활용하세요.

재료

쌀(오분도미) 1컵
표고버섯 6개
다진 마늘 1/2큰술
양파 1/4개
우유 1컵
생크림 1컵
소금·후춧가루 조금씩
올리브 오일 적당량
간 파르미자노 레자노 치즈 조금
파슬리 가루 조금

만드는 법

1   표고버섯은 기둥을 떼어내고 딱딱한 밑동을 잘라낸다.

2   양파는 껍질을 까고 큼직하게 자른다.

3   올리브 오일을 두른 팬에 다진 마늘과 양파를 볶다가 표고버섯 갓과 기둥을 넣고 1~2분 더 볶으면서 소금과 후춧가루로 간을 한다.

4   ③에 우유와 생크림을 넣고 약불로 10분 정도 조리듯 끓인 후 식혀서 핸드 블렌더로 간다.

5   쌀(오분도미)은 물에 한두 번 씻은 후 체에 밭쳐 물기를 완전히 뺀다.

6   올리브 오일을 두른 팬에 쌀을 천천히 볶는다. 쌀이 투명해질 때쯤 ④의 버섯 크림소스를 넣으면서 약불에서 서서히 익힌다.

7   ⑥을 접시에 잘 펴서 담고 파르미자노 레자노 치즈 간 것과 파슬리 가루를 솔솔 뿌려 마무리한다.

TIP • 파르미자노 레자노 치즈가 없으면 시판하는 파르메산 치즈 분말 가루를 뿌려도 된다. 단, 맛의 차이는 있을 수 있다.
• 오분도미가 없다면 백미나 현미로 만들어도 된다.

치킨그린카레

태국의 그린 카레는 한국이나 일본, 인도식 카레와는 또 다른 스타일이에요. 청고추와 바질(허브)을 빻아 넣어 특유의 은은한 향과 매콤한 맛을 지니는데, 보통 코코넛 밀크를 더해 이국적인 맛을 즐깁니다. 원래는 카레를 올리브오일에 미리 볶아야 분리되면서 향이 나기 시작하는데, 이렇게 만들면 향이 워낙 강해 거부감을 느끼는 사람들도 있어요. 그래서 이 책에서는 채소 등 다른 재료와 함께 볶는 레시피를 제안합니다.

치킨그린카레

재료

밥 1공기
닭 다리살 200g
그린 카레 페이스트 1봉지(100g)
코코넛 밀크 300ml
물 1/2컵
다진 마늘 1큰술
가지 1/2개
양파 1/4개
청고추·홍고추 1개씩
올리브 오일 적당량
설탕 1큰술
소금·후춧가루 조금씩

만드는 법

1 닭 다리살은 키친타월로 물기를 닦아낸 뒤 한 입 크기로 썬다. 다진 마늘과 소금, 후춧가루를 넣어 버무려서 간한다.

2 가지와 양파, 청고추, 홍고추는 모두 씻어 손질해 한 입 크기로 썰어둔다.

3 냄비에 올리브 오일을 충분히 두르고 버무려둔 닭 다리살과 그린 카레 페이스트, 손질한 갖은 채소를 넣고 충분히 볶는다.

4 ③에 코코넛 밀크와 물을 붓고 설탕을 넣은 뒤 약불로 10분 정도 끓인다. 밥을 담은 그릇에 카레를 충분히 끼얹는다. 기호에 따라 고수 잎을 얹어 함께 먹는다.

TIP 요리에 사용한 그린 카레 페이스트는 태국 브랜드 '수리타이' 제품이다. 브랜드에 따라 양에 차이가 있는데, 80g 이든 100g이든 보통 한 봉지 분량으로 카레를 만든다. 브랜드별로 오일 함량이나 부재료도 다르므로 취향에 맞는 제품을 선택한다.

스팸무스비

'무스비'라는 음식 이름은 본래 김으로 감싼 일본식 주먹밥으로, 하와이로 이주한 일본인들이 스팸을 넣은 주먹밥을 현지화하면서 '하와이안 무스비'로 특화되었습니다. 그런데 스팸, 달걀, 치즈, 김의 만남은 사실 우리가 아주 좋아하는 조합이 아니던가요.. 그래서 만들어봤습니다. 스팸통을 이용해 순식간에 완성하는 주먹밥 레시피.

재료

밥 2공기
스팸 1통
달걀 3개
체다 치즈(슬라이스) 2~3장
김밥용 김 1~2장
올리브 오일 조금

✳ 달걀 양념
간장 1/2큰술
설탕 1/2큰술

✳ 밥 양념
소금 조금
설탕 1큰술
식초 1큰술
참기름 1큰술

만드는 법

1   밥은 뜨거울 때 분량의 밥 양념을 넣어 잘 섞는다.

2   달걀은 간장과 설탕을 넣고 잘 풀어서 프라이팬에 올리브 오일을 조금 두른 뒤 달걀말이처럼 말아둔다.

3   스팸은 길이로 길고 도톰하게 썰어서 올리브 오일에 굽는다.

4   ②의 달걀말이, 체다 치즈, 김밥용 김을 모두 스팸 크기에 맞춰서 썬다.

5   스팸을 빼낸 빈 통에 랩을 깔고 밥, 달걀, 치즈, 스팸, 밥 순서로 넣어 모양을 잡은 다음 마지막으로 김으로 덮어서 꺼낸다. 먹기 좋은 크기로 썰어서 완성한다.

묵은지참치말이

남은 밥과 묵은지가 있을 때 5분 만에 만들 수 있는 별미 음식이에요. 참치마요를 듬뿍 넣으면 짭짤한 묵은지 맛과 잘 어우러집니다. 개인적으로는 두툼하게 썬 스팸을 넣어 먹는 것도 좋아합니다.

재료

밥 1공기
묵은지 2장
참치 캔 1통(120g)
마요네즈 2큰술
설탕 1/2큰술,
달걀 3개
다진 마늘 1/4큰술
통깨·참기름 조금씩

＊ 밥 양념
소금 조금
설탕 1큰술
식초 1큰술
참기름 1큰술

만드는 법

1   밥은 뜨거울 때 분량의 양념으로 잘 섞은 뒤 식혀 준비한다.

2   묵은지는 씻어서 물기를 꼭 짠다.

3   달걀은 잘 풀어서 기름을 두른 팬에 살살 부어 달걀말이를 만든다.

4   참치 캔의 국물을 따라 버리고 꽉 짜서 마요네즈와 설탕, 다진 마늘을 넣어 잘 버무린다.

5   묵은지를 잘 펴서 그 위에 밥을 펼치고 ③, ④를 얹는다. 김밥 말 듯이 돌돌 만다.

6   한 입 크기로 썰어서 접시에 담은 뒤 통깨와 참기름을 뿌려 마무리한다.

TIP 참치 대신 스팸으로 만들 수도 있다. 스팸을 넣을 때는 성인 손가락 굵기로 도톰하게 썬 다음, 다진 마늘을 조금 넣고 올리브 오일에 볶는 것이 맛있게 만드는 비결이다.

굴튀김카레라이스

굴과 카레는 맛 궁합이 좋습니다. 생굴에 미리 양념을 해서 튀기면 놀랄 만큼 맛있어요.

재료

밥 2공기
굴 150g
고형 카레 1개, 물 1.2L
감자 1개, 당근 1/2개
연근 조금
생파인애플 2~3쪽
슬라이스 치즈 2장
올리브 오일 적당량
튀김용 기름 적당량
소금·후춧가루 조금

✳ 굴 양념
간장 1큰술, 다진 마늘 1큰술
청주 1큰술

✳ 튀김옷 반죽
밀가루 3~4큰술
달걀 1개, 빵가루 1컵

만드는 법

1 감자와 당근은 씻어서 껍질을 벗긴 뒤 한 입 크기로 썬다.

2 연근은 껍질에 붙은 흙을 솔로 깨끗이 씻은 뒤 필러로 껍질을 벗겨 감자와 비슷한 크기로 썬다. 파인애플도 연근 크기로 썬다.

3 냄비에 오일을 두르고 감자와 당근, 연근을 노릇하게 충분히 볶는다. 이때 소금과 후춧가루로 간을 하고, 파인애플도 넣어 색깔이 나도록 잠시 볶는다.

4 ③에 물 1.2L를 붓고 고형 카레를 넣어 잘 녹여서 끈적해질 때까지 약불로 끓이다가 슬라이스 치즈를 넣어 녹인다.

5 굴은 소금물에 잠깐 흔들어 씻어 물기를 뺀다. 굴 양념으로 밑간을 한 후 밀가루, 달걀물, 빵가루를 입혀 적정 온도(160~170℃)의 튀김 기름에 튀긴다.

6 그릇에 밥을 담고, 완성한 카레와 굴튀김을 얹어 먹는다.

TIP 1 굴은 세게 누르지 말고, 최대한 살살 튀김옷을 입힌다.

2 튀김 기름의 온도는 160~170℃가 적당하다.

3 노릇한 색이 날 정도로 가볍게 튀긴다.

4 카레는 계속 저으면서 끓여야 맛있다.

5 카레를 밥 위에 끼얹지 말고, 밥 옆에 따로 담아야 죽 같은 질감이 되지 않고 보기에도 깔끔하다.

6 오늘의 주인공, 굴튀김을 돋보이게 얹어 완성.

• 굴은 살이 탄력 있고, 유백색을 띠며, 검정 테두리가 선명한 것을 구입한다.

• 세척할 때는 물에 천일염을 풀어 소금물을 만든 뒤 조심스럽게 흔들어가며 씻는다. 여러 번 헹구면 굴의 맛과
  향이 떨어지므로, 한 번 정도 헹구는 것이 적당하다.

아란치니

리소토를 튀겨 만드는 이탈리아 음식을 더욱 간편한 스타일로 재해석한 요리. 겉은 바삭하고 속은 촉촉한 주먹밥 속에 치즈가 녹아든 형태로, 토마토소스를 묻혀 한 입 베어 무는 순간 놀랍도록 진한 풍미를 느낄 수 있습니다.

아란치니

재료

밥 1과 1/2공기
다진 양파 3큰술
다진 마늘 1/2큰술
크림치즈 큐브 5개
토마토소스(시판 제품) 1컵
소금·후춧가루 조금씩
올리브 오일 적당량
간 파르미자노 레자노 치즈 3큰술
허브(가니시용) 조금
튀김용 기름 넉넉히

✷ 튀김옷 반죽
밀가루 4~5큰술
달걀 1개
빵가루 1컵

만드는 법

1 올리브 오일을 두른 팬에 다진 마늘과 다진 양파를 넣고 볶다가 향이 충분히 올라오면 밥 1과 1/2공기를 넣고 잘 섞이도록 볶은 후 소금과 후춧가루로 간을 한다.

2 볶은 밥이 식으면 밥을 5등분으로 잘 나눈다. 밥 한 덩어리 속에 크림치즈 큐브를 하나씩 넣고 동그랗게 모양을 빚는다.

3 분량의 재료를 섞어 튀김옷을 만든 다음, ②의 라이스 볼에 튀김옷을 묻혀 170℃로 가열한 기름에 노릇하게 튀긴다. 튀김가루를 조금 떨어뜨렸을 때 위로 바로 떠오르면 알맞은 튀김 온도다.

4 따뜻하게 데운 토마토소스를 접시에 깔고 ③의 튀긴 라이스 볼을 올린다. 간 파르미자노 레자노 치즈와 허브를 올려 완성한다.

루이지애나검보

쉽게 설명하자면 우리나라의 부대찌개와 같은 미국 남부 루이지애나 지역의 향토 음식입니다. 현지 음식 중 잠발라야라는 것도 있는데, 검보가 수프 스타일이라면 잠발라야는 밥 양이 많아 조금 더 되직한 느낌이에요. 한편, 이어서 소개하는 남미의 수프 아소파오와도 비슷한데, 검보에는 슬라이스 치즈와 각종 콩을 넣는 것이 특징입니다.

재료

쌀(백미) 1/2컵
수제 소시지 2개
탈각 새우 8마리
콩 통조림 1/2컵
홀 토마토 1캔(약 450g)
셀러리 1대
다진 마늘 1큰술
닭 육수 3컵
슬라이스 치즈 2장
소금·후춧가루·올리브 오일 조금씩

만드는 법

1   쌀은 씻어서 체에 밭쳐 물기를 뺀다.

2   소시지와 셀러리는 한 입 크기로 자르고, 새우는 씻어서 물기를 뺀 뒤 등 쪽을 갈라 준비한다.

3   올리브 오일을 두른 팬에 다진 마늘, 셀러리, 소시지, 새우를 넣고 볶다가 새우가 익기 시작하면 쌀과 홀 토마토를 넣고 잠시 볶는다.

4   ③에 닭 육수와 콩 통조림을 붓고 10분간 끓인 뒤 슬라이스 치즈를 넣어 녹여서 완성. 소금과 후춧가루로 간한 뒤 그릇에 담고 올리브 오일을 위에 뿌려 맛과 향을 더한다.

TIP 새우의 등을 가르면 더 커 보여 먹음직스럽고, 내장이 쉽게 빠져서 손질하기도 쉽다.

아소파오

다소 생소한 이름인 아소파오(Asopao)는 쌀밥과 해산물, 닭고기, 각종 채소가 든 남미의 전통 수프입니다. 앞서 소개한 루이지애나검보와 비슷한 형태인데, 풋고추와 파프리카 가루를 넣어 얼큰한 국물 맛을 살렸어요. 전통 방식으로 만들려면 사프란, 소시송 등 우리에게 친숙하지 않은 재료가 많이 필요하므로, 집에서 쉽게 만들어 먹을 수 있는 레시피로 변형했습니다.

재료

쌀(백미) 1/2컵
양파 1/4개
방울토마토 6알
잠봉 햄 3~4장
풋고추 2개
강낭콩 1/2컵
닭 육수 2L
훈연 파프리카 가루 1/4큰술
다진 마늘 1큰술
올리브 오일 적당량
소금·후춧가루 조금씩

만드는 법

1   방울토마토는 반으로 가른다. 양파는 1~2cm 길이로 조금 굵게 썬다. 풋고추는 꼭지를 떼고 반을 가른 뒤 2cm 정도 길이로 썬다.

2   잠봉 햄도 한 입 크기로 썬다.

3   쌀은 씻어서 물기를 뺀 뒤 올리브 오일을 두른 냄비에 다진 마늘과 함께 볶는다.

4   쌀이 투명하게 익기 시작하면 훈연 파프리카 가루를 넣고 볶는다.

5   ④에 썰어둔 채소와 햄을 모두 넣고 조금 더 볶는다. 이어 강낭콩과 닭 육수를 넣고, 처음에 중불로 끓이다가 약불로 줄여서 맛이 충분히 우러나도록 끓인다.

6   마지막에 소금과 후춧가루로 간한다.

상추튀김

전주에서 유명하다는 상추튀김을 먹어보았는데, 예상과 달리 상추에 튀김을 싸서 먹는 요리더군요. 의외로 평범해 실망하고 집에 돌아와서 상추를 튀기는 방법을 연구했죠. 그렇게 완성한 것이 상추를 아주 잘게 찢어 밥, 고기와 함께 버무려 튀긴 별미 음식이랍니다. 이렇게 먹으면 한 끼 식사로 든든하고, 상추도 잔뜩 먹을 수 있어요.

재료

밥 1공기
소고기(불고깃감) 200g
다진 양파 1/2컵
상추 8장
튀김가루(또는 부침가루) 5큰술
달걀 1개
물 5큰술
튀김 기름 적당량
쌈장과 마늘 편(곁들이용) 적당량

✽ 불고기 양념

간장 1큰술
설탕 1큰술
다진 마늘 조금
참기름 조금
후춧가루 조금

만드는 법

1   불고깃감으로 준비한 소고기는 칼로 자근자근 두드린 후 분량의 불고기 양념에 버무려 기름을 두른 프라이팬에 다진 양파와 함께 볶는다.

2   ①의 불고기에 밥을 넣고 잘 섞어서 다시 한번 볶는다.

3   튀김가루에 달걀과 물을 넣고 잘게 썬 상추를 넣은 후 잘 섞어 반죽한다.

4   불고기 양념으로 맛을 낸 ②의 밥을 작고 동그랗게 모양을 빚은 후 ③의 튀김 반죽에 담갔다 뺀다. 기름을 넉넉히 두른 프라이팬에 튀기 듯이 앞뒤로 굴려가며 지진다.

5   취향에 따라 마늘 편과 쌈장을 곁들여 먹는다.

TIP 상추를 썰어 넣지 않고, 불고기 밥을 만든 뒤 원래 전주식처럼 상추에 싸 먹어도 맛있다.

짬뽕밥

짬뽕을 집에서 만들 때는 고춧가루를 기름에 잘 볶은 뒤 재료를 넣고 국물을 내보세요. 고유의 맛을 내기가 훨씬 쉬워집니다. 고춧가루와 마늘, 생강만 잘 볶아도 90%는 성공입니다.

재료

밥 1공기
홍합 100g
통오징어 1마리
차돌박이 50g
청양고추 2개
양파 1/4개
참기름 4큰술
다진 마늘 1큰술
다진 생강 1/2큰술
고춧가루 3큰술
간장 2큰술
까나리액젓 1큰술
물 혹은 닭 육수 3컵
송송 썬 대파(고명용) 2~3큰술
소금·후춧가루 조금씩

만드는 법

1 홍합은 잘 비벼서 씻으며 껍데기에 묻은 이물질을 제거한 후 물기를 뺀다.

2 오징어는 내장을 제거한 후 잘 씻고 몸통과 다리를 분리한다. 몸통은 갈라 칼집을 넣은 뒤 적당한 크기로 썬다.

3 양파와 청양고추는 손질해 한 입 크기로 썬다.

4 참기름을 두른 냄비에 다진 마늘, 다진 생강, 차돌박이를 넣고 볶아서 기름이 배어 나오면 고춧가루를 넣고 타지 않게 볶는다.

5 ④에 홍합과 양파, 청양고추를 넣고 살짝 볶다가 물이나 닭 육수를 붓고 까나리액젓과 간장으로 간한다. 기호에 따라 소금과 후춧가루를 조금씩 넣는다.

6 ⑤의 재료들이 팔팔 끓으면 오징어를 넣고 1~2분간 더 끓인다.

7 오징어가 살짝 익으면 밥을 담은 그릇에 해산물과 국물을 넉넉하게 담는다. 송송 썬 대파와 홍고추(있는 경우) 등을 고명으로 얹는다. 마지막에 참기름을 한 바퀴 두르고 후춧가루를 뿌려 맛과 향을 더한다.

고추냉이
스테이크솥밥

일본에서 맛본 솥밥. 일본 시즈오카 지역의 특산품인 고추냉이. 이제는 우리나라의 청정 지역 철원에서도 재배하고 있어요. 푹 익으면 상큼한 고구마 맛이 나는 고추냉이의 새로운 매력을 솥밥으로 느껴보세요.

재료

쌀 2~3컵
고추냉이 1~2개
소고기(채끝등심, 스테이크용) 300g
연근 150g
낫토 1팩
다진 배추김치 1컵
소금·후춧가루 조금씩

✻ 낫토 양념
간장 1큰술
고춧가루 1큰술
설탕 1/2큰술
참기름 1큰술

만드는 법

1   고추냉이는 뜨거운 물로 박박 문질러 씻어 4~5등분 한다. 연근은 껍질을 벗기고 어슷어슷 썬다.

2   씻어 체에 밭쳐 30분 정도 불린 쌀을 솥에 안치고 중간중간 고추냉이와 연근을 넣어 밥을 짓는다.

3   소고기는 달군 프라이팬에 앞뒤로 1분씩 두세 번 뒤집어가면서 미디엄 상태로 굽는다. 소금과 후춧가루로 간한 뒤 고기를 자른다.

4   낫토 한 팩에 다진 김치와 양념 재료를 모두 섞어 낫토 장을 만든다.

5   밥이 다 되면 그 위에 소고기를 얹는다. 한쪽에 낫토 장도 펼쳐 얹는다.

6   밥을 잘 비벼서 먹는다. 낫토 장은 따로 담아낸 뒤 적당한 양을 덜어 먹어도 된다. 기호에 따라 참기름이나 버터를 넣어서 먹어도 맛있다.

TIP • 손님상에 올리는 경우, 손님들 앞에서 밥을 비비면 더 맛있어 보이는 효과가 있다.
• 고추냉이는 일본어로 와사비이며 일본의 대표적인 향신료이다. 국내산은 봄부터 여름까지 철원에서 재배되는 신선한 고추냉이(잎, 근경, 분말)를 구할 수 있다.

라이스푸딩

우리나라 사람들에게는 브레드푸딩만큼 익숙하진 않지만, 한번 먹어보면 달고 촉촉한 맛에 푹 빠지고 마는 쌀 디저트입니다. 뉴욕의 한 디저트 가게에서 처음 먹었는데, 달콤한 죽 같은 신기한 음식이 아주 맛있더라고요. 그때부터 아이스크림 대신 만들어 먹게 된 건강 디저트입니다.

재료

쌀(백미) 1컵
건포도 3큰술
우유 1컵
생크림 1/2컵
연유 4큰술
꿀 2~3큰술
소금·후춧가루 조금씩
바닐라 에센스 조금
토핑용 견과류 조금

만드는 법

1   쌀은 한두 번 씻어서 건져 물기를 완전히 빼고, 건포도와 우유, 생크림, 연유를 넣고 충분히 끓인다.

2   쌀이 퍼지기 시작하면 소금과 후춧가루, 바닐라 에센스를 넣고 쌀이 익을 때까지 약불로 저으면서 끓이다가 뚜껑을 닫고 뜸을 들인다.

3   다 되면 그릇에 담고 견과류와 꿀을 곁들여 상에 낸다. 기호에 따라 시나몬 가루, 너트메그를 곁들여 맛을 더한다.

TIP 우리가 '푸딩'이라고 부르는 부드러운 디저트의 정식 명칭은 '플랜(Flan)'이다. 푸딩은 우유와 크림을 넣고 부드럽게 굽거나 쪄서 만든 촉촉한 요리의 총칭이다.

제철 밥상은 여전히 소중한 미식이다

건강에 이롭고 신선한 재료로 맛있는 요리를 하고 싶어요. 몸에 좋은 식재료를 많이 알고 있는 사람으로서 이를 널리 알리는 것이 의무라고 생각합니다. 제가 운영하는 팜투테이블 식당에서는 질 좋고 영양이 풍부한 로컬 재료로 만든 한식과 양식 요리들을 선보이고 있어요.

끊임없이 이상적인 식재료를 찾는 습관은 매사 호기심 많은 성격에서 비롯되었어요. 지금도 국내 곳곳을 여행하면서 더 좋은 식재료와 음식을 찾는 게 삶의 큰 행복이죠. 재래시장에 가는 것도 좋아해요. 저는 요즘에도 경동시장에서 싱싱한 식재료를 구하곤 합니다. 생각해 보면 제가 운영하는 레스토랑의 거래처만 수십 곳이에요. 쌀은 강원도 철원에서 가져오고, 같은 수산물이라 해도 성게 거래처와 전복 거래처가 따로 있을 정도니까요. 충청도의 얼룩돼지와 주꾸미와 백합, 전라도 고창의 천일염과 고춧가루, 신안의 8년 토판염, 제주도의 가재새우와 난축맛돈, 경상도 기장의 멸치와 달고기와 성게알, 포항의 피문어, 강원도 화천의 표고버섯과 메밀을 비롯해 비단가리비와 수미감자 등등. 각 지역의 대표적인 식재료를 씁니다. 재료에 대해 깐깐하게 따지다 보니 저희 식당에선 간혹 주문받은 메뉴를 제공하지 못할 때도 있어요. 손님들은 그 부분을 감수하고 오시는 거죠. 이렇듯 지역의 특산물을 저만의 방법으로 조리해 내는 것이 '홍신애 식당의 특별함'이라고 할 수 있어요.

사실 요즘은 계절별 재료의 의미가 거의 사라졌어요. 하우스재배가 일반화돼 있고, 사철 나오는 재료도 많으니까요. 심지어 이제는 제일 맛있는 계절도 없어요. 여름 한철 나던 가지나 오이도 비싸서 그렇지 겨울에 더 맛있어요. 다만 자연의 힘을 빌렸을 때 제일 맛있는 계절이 이때입니다, 하는 오리지널을 기억하도록 기록을 많이 남겨야 할 것 같아요. 그래서 저희 식당이나 집에서 쓰는 식재료를 산지별로 정리해 보았습니다.

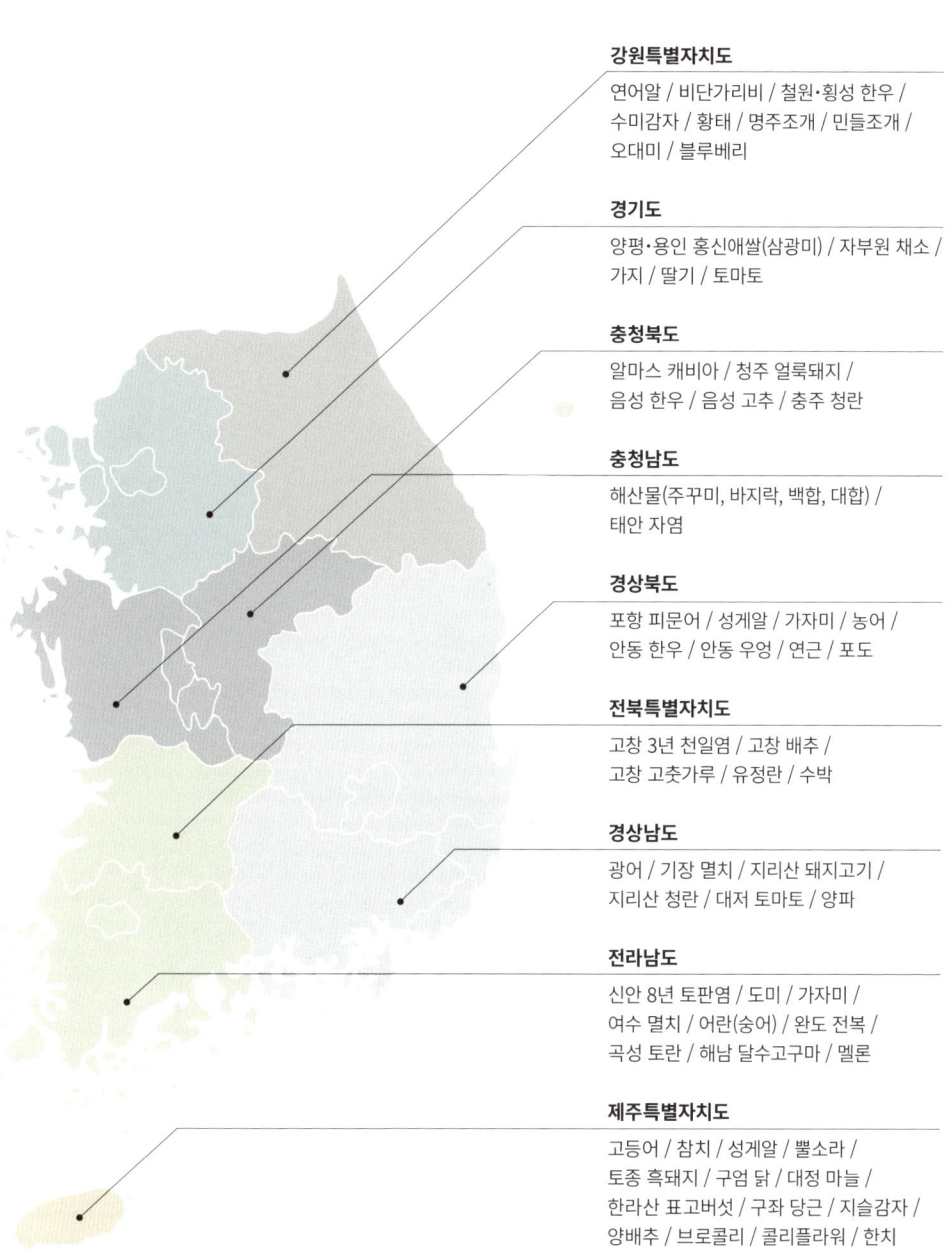

+ 식당에서 쓰는 식재료들

강원특별자치도

연어알 / 비단가리비 / 철원·횡성 한우 /
수미감자 / 황태 / 명주조개 / 민들조개 /
오대미 / 블루베리

경기도

양평·용인 홍신애쌀(삼광미) / 자부원 채소 /
가지 / 딸기 / 토마토

충청북도

알마스 캐비아 / 청주 얼룩돼지 /
음성 한우 / 음성 고추 / 충주 청란

충청남도

해산물(주꾸미, 바지락, 백합, 대합) /
태안 자염

경상북도

포항 피문어 / 성게알 / 가자미 / 농어 /
안동 한우 / 안동 우엉 / 연근 / 포도

전북특별자치도

고창 3년 천일염 / 고창 배추 /
고창 고춧가루 / 유정란 / 수박

경상남도

광어 / 기장 멸치 / 지리산 돼지고기 /
지리산 청란 / 대저 토마토 / 양파

전라남도

신안 8년 토판염 / 도미 / 가자미 /
여수 멸치 / 어란(숭어) / 완도 전복 /
곡성 토란 / 해남 달수고구마 / 멜론

제주특별자치도

고등어 / 참치 / 성게알 / 뿔소라 /
토종 흑돼지 / 구엄 닭 / 대정 마늘 /
한라산 표고버섯 / 구좌 당근 / 지슬감자 /
양배추 / 브로콜리 / 콜리플라워 / 한치

Part 3

저당 · 저탄수화물 · 고단백
건강을 지키는 식이요법 메뉴

Rice with
Better Nutrition

소박한 일상식이 건강한 몸을 만든다

음식을 거의 소화하지 못하는 질환을 갖고 태어난 아들을 위해 치료에 도움이 되는 식재료 연구에 매진하면서 매끼 밥상을 차렸습니다. 밥상으로 가족의 건강을 지키려던 마음이 결국 좀 더 많은 이들에게 건강에 이로운 음식을 알리고 싶다는 요리 철학을 세우게 만든 셈이죠. 몸에 좋은 음식을 꼽자면 셀 수 없을 정도로 많지만, 건강하게 잘 먹는 것의 근본은 집밥에 있다고 확신합니다. 예전에 패스트푸드 업체의 고문을 맡으면서 10대의 식문화를 연구한 적이 있어요. 이때 아이들 머릿속의 '맛있는 음식'은 대부분 '외식'과 연관된 것을 알게 되었죠. 외식이 잦으면 아무리 맛있고 안전한 음식이라고 해도 건강에 나쁜 영향을 미칩니다. 사람마다 체질이 다른데, 바깥 음식은 보편적으로 맛있다고 느끼는 자극적인 맛에 맞춰진 경우가 많거든요. 그러니 나와 가족의 건강을 세심히 살펴 만드는 집밥은 바쁜 일상에서 최소한이나마 지켜가야 할 식문화입니다. 이번 장에서는 혈당 상승을 막고, 각종 영양 성분을 고루 지닌 통곡물이나 기타 건강 식재료로 만든 음식을 소개합니다.

* 모든 음식은 2인분 기준으로 만들었다.

아보카도연어포케

현미밥에 몸에 좋은 재료들을 듬뿍 얹어 먹는 포케 볼. 포케는 하와이어로 '자르다'라는 의미로, 보통 깍둑썰기를 해 소스에 절인 생선회와 각종 채소 등을 곁들여 먹는 음식입니다. 하와이로 이주한 일본인들에 의해 발전한 요리라고 알려졌는데, 요즘은 우리나라뿐만 아니라 세계 각지에서 건강식으로 인기가 높아요. 다양한 재료를 가지런히 올린 감각적인 모양새만 봐도 기분이 좋아집니다.

재료

현미밥 5~6큰술
아보카도 1/2개
훈제 연어 4토막
그릭 요거트 4큰술
다진 양파 2큰술
채 썬 당근 1컵
아몬드, 호두 등 볶은 견과류 2큰술
병아리콩 통조림 1/2컵
양상추 혹은 로메인 4장

＊ 드레싱
올리브 오일 3큰술
발사믹 식초 2큰술
다진 마늘 1/2큰술
꿀 2큰술
후춧가루 조금
레몬즙 2큰술

만드는 법

1   훈제 연어는 큼직하게 썰고 아보카도는 얄팍하게 썰어둔다.

2   현미밥은 물에 한 번 씻어 찰기를 없애고 식힌다.

3   양상추는 가늘게 채 썬다.

4   그릇에 양상추를 깔고 현미밥을 담은 다음, 다진 양파와 병아리콩, 채 썬 당근, 훈제 연어와 아보카도를 차례로 얹는다.

5   그릭 요거트와 견과류도 함께 얹고, 드레싱을 곁들여 낸다.

TIP 밥은 기호에 따라 양을 늘리거나 줄여도 되고, 밥 없이 샐러드처럼 먹어도 맛있다. 현미밥을 한 번 씻어 포화 전분(아밀로펙틴)을 없애면 깔끔한 맛으로 먹을 수 있다.

에그알아히요

콜리플라워 라이스와 달걀로 만든 감바스알아히요 스타일의 일품요리. 다이어트 쌀로 인기 높은 콜리플라워 라이스는 콜리플라워를 쌀알 모양으로 잘게 썰어서 급속 냉동한 식재료예요. 100g당 25칼로리로 흰쌀밥의 6분의 1 수준! 쌀밥과 맛이 다르게 느껴진다면 쌀과 섞어 먹어도 좋아요.

재료

콜리플라워 라이스 1컵
달걀 3개
깐 마늘 6쪽
올리브 오일 1/2컵
페페론치노 1/2큰술
소금·후춧가루 조금씩

만드는 법

1 냉동된 콜리플라워 라이스는 전자레인지에 살짝 돌려 해동하면 물기가 조금 도는데 프라이팬에 볶으면 물기를 없앨 수 있다.

2 마늘은 꼭지를 잘라내고 편으로 얇게 썰어서 준비한다.

3 프라이팬에 올리브 오일을 두르고 마늘과 ①을 넣어 충분히 볶은 후 페페론치노를 부숴 같이 볶는다.

4 ③에 달걀을 넣고 흰자가 익으면 소금과 후춧가루로 간한 뒤 불을 끈다.

TIP 꽃양배추라고도 불리는 콜리플라워는 비타민 C와 식이섬유 등이 풍부하고 항암 효과가 뛰어난 슈퍼푸드다. 콜리플라워를 흰쌀처럼 곱게 다진 형태의 콜리플라워 라이스는 볶음밥이나 리소토, 김밥, 샐러드 등에 두루 활용할 수 있다.

오코노미야키

출출할 때 야식으로 알맞은 음식. 냉장고 속 채소들을 모두 꺼내 뚝딱 만들어 먹어요. 특히 식이섬유와 위장 건강 증진에 도움을 주는 다양한 영양 성분이 풍부한 양배추가 듬뿍 들어가요. 양배추를 기름에 익혀서 먹기 때문에 영양 성분의 흡수율도 높아요.

재료(2~3장 분량)

콜리플라워 라이스 1/2컵
채 썬 양배추 100g
달걀 2개
다진 마늘 1/2큰술
청양고추 1/2개
부침가루나 튀김가루 1큰술
간장 1큰술
후춧가루 조금
올리브 오일 적당량
가쓰오부시 슬라이스 1컵
오코노미야키 소스 혹은
돈가스 소스 조금

＊ 달걀 마요네즈
삶은 달걀 2개
양파 1/4개
올리브 오일(또는 두유) 1/2컵
식초 2큰술
소금·후춧가루 조금씩

만드는 법

1 청양고추는 잘게 다진다. 냉장고 속 다른 채소를 잘게 다져서 넣어도 된다.

2 볼에 채 썬 양배추, 다진 마늘, 다진 청양고추, 콜리플라워 라이스와 달걀을 넣어 거품을 내듯이 잘 섞는다. 질감을 살려서 섞는 것이 중요하다.

3 ②에 부침가루나 튀김가루를 넣고 간장, 후춧가루로 간해서 잘 섞는다.

4 달걀 마요네즈 재료를 블라인더에 간다.

5 올리브 오일을 두른 팬에 ③의 반죽을 한 국자 떠서 노릇하게 지진 후 가쓰오부시와 달걀 마요네즈 소스, 오코노미야키 소스나 돈가스 소스를 얹어 완성한다.

콜리플라워라이스
치킨카레

콜리플라워 라이스는 칼로리가 매우 낮은 데다 항산화 성분과 비타민, 미네랄도 다량 함유하고 있어요. 콜리플라워 밥에 튀기지 않고 구운 닭 다리살을 곁들이면 저탄수화물 고단백질 식사 한 끼를 푸짐하게 먹을 수 있습니다. 카레 파우더와 코코넛밀크를 첨가해 구운 이국적인 풍미에 자주 먹어도 전혀 질리지 않아요.

재료

콜리플라워 라이스 1컵
물 4큰술
닭 다리살 250g
코코넛오일 적당량(구이용)

＊ 닭고기 양념
카레 파우더 3큰술
코코넛밀크 3큰술
소금·후춧가루 조금씩
다진 마늘 1큰술

만드는 법

1   콜리플라워 라이스는 물 4큰술을 넣고 전자레인지에 살짝 돌려 해동한다.

2   닭 다리살은 칼로 두드려 연하게 한 후 닭 양념을 넣고 잠시 재운다.

3   코코넛오일을 두른 팬에 양념한 닭 다리살을 껍질이 팬 에 닿게 해서 노릇하게 굽는다.

4   구운 닭 다리살은 다른 접시에 덜어둔다. ③의 프라이팬에 콜리플라워 라이스를 넣고 살짝 뒤적여 양념이 배게 해서 접시에 담는다. 닭 다리살 구이를 곁들인다.

TIP • 카레 파우더 대신 시판하는 카레 분말로 만들어도 된다.
     • 코코넛오일은 발연점이 높고 불포화지방산이 풍부해 건강에 이로운 식재료다. 단, 특유의 향이 있어서 일반 한식보다 카레 등 양식 요리에 더 적합하다.

귀리김밥

탄수화물을 줄여 칼로리를 낮춘 식단이 필요할 때는 몸에 좋은 곡물과 채소로 간단한 김밥을 만들어 먹습니다. 저속 노화 곡물로 알려진 귀리나 현미, 보리 등의 통곡물을 쌀과 섞어 밥을 지으면 몸에 좋은 건 물론이고, 독특한 식감도 즐길 수 있어요. 김밥을 실패 없이 마는 비결은 옅은 식촛물 한 그릇. 손에 식초 탄 물을 묻히면서 밥을 만지면 밥알이 손에 묻지 않을 뿐만 아니라 밥이 상하는 것도 방지됩니다. 오이 대신 마늘종을 넣어도 맛있어요.

재료(2줄)

귀리밥 1공기
달걀 6개
김밥용 단무지 4줄
오이 1/2개
김밥용 김 2장
올리브 오일 적당량

✳ 달걀 양념

간장 1큰술
참기름 1큰술

✳ 밥 양념

소금 조금
효소 처리한 스테비아 조금
식초 조금
참기름 조금

만드는 법

1 쌀과 귀리를 1:1로 섞어 씻은 뒤 물기를 빼고 전기밥솥에 밥을 짓는다.

2 달걀은 달걀 양념을 넣고 풀어서 올리브 오일을 두른 팬에 지단을 부쳐 김밥용으로 길게 썬다.

3 오이는 씻어서 껍질의 오톨도톨한 부분을 칼로 살살 벗겨낸 뒤 채 썬다.

4 귀리밥에 분량의 양념을 넣어 잘 섞는다.

5 김에 귀리밥을 펼친 뒤 단무지 2줄, 달걀 2줄 사이에 오이채를 많이 넣고 김밥을 말아 적당한 크기로 썰어서 먹는다.

TIP 스테비아 감미료는 천연 감미료인 스테비아의 쓴맛을 제거하기 위해 효소 처리한 뒤 포도당을 붙여 만든 제품을 썼다. 백색이나 엷은 황색 분말, 플레이크 또는 액체 상태로, 특유의 냄새가 살짝 나기도 하며 청량한 감미가 있다. 또 스테비아 추출물 중 하나인 스테비오사이드와 비교하면 설탕과 더 유사하다. 단맛은 설탕의 100~200배로, 설탕 등의 정제당 대신 첨가하면 자연스럽게 단맛을 높이는 효과가 있다.

게살두부전

고단백 식품인 두부를 생선 완자처럼 별미로 즐길 수 있는 음식입니다. 큼직하게 한 장 부쳐 먹으면 식사 대용으로도 충분해요.

재료　게맛살 4개, 두부 1/2모, 양파 1/4개, 청양고추 1개, 굴소스 1큰술, 다진 마늘 1/2큰술 달걀 1개, 튀김가루 1큰술, 올리브 오일 조금 ＊ **초간장** 간장·식초 1큰술씩

만드는 법

1　게맛살은 결대로 찢는다.

2　두부는 물에 씻어 체에 밭쳐 물기를 뺀 뒤 으깨어 게맛살과 섞는다.

3　양파와 청양고추는 잘게 다진 후 ②에 넣는다.

4　③에 굴소스와 다진 마늘을 넣고 잘 섞은 후 달걀과 튀김가루로 반죽한다.

5　올리브 오일을 두른 프라이팬에 큼지막하게 떠서 빈대떡 부치듯이 앞뒤로 골고루 지져 완성한다. 초간장을 곁들여 먹는다.

애호박전

전을 부칠 때 식용유를 주로 쓰는데, 저는 올리브 오일이나 아보카도 오일을 추천합니다. 특히 아보카도 오일은 올리브 오일만큼이나 몸에 좋으면서 특별한 효능을 지녔어요. 심혈관 질환 예방, 항산화 작용과 함께 눈여겨볼 것은 피부 재생과 보습, 눈 건강 증진, 소화 촉진 효과입니다. 전을 부쳐 먹으면서 피부가 좋아지고 속도 편하니, 꼭 써보세요.

재료 애호박 1/2개(늙은호박·단호박 모두 가능), 소금·후춧가루 조금씩, 부침가루 1큰술
아보카도 오일 적당량 ✽ **초간장** 간장·식초 1큰술씩

만드는 법

1 애호박은 얇게 채 썰어 소금, 후춧가루로 간해서 2~3분간 절여둔다.

2 절인 애호박에서 물기가 배어 나오면 부침가루를 뿌려 살살 섞는다.

3 아보카도 오일을 두른 팬에 ②를 앞뒤로 노릇하게 지져 초간장을 곁들여 먹는다.

콜리플라워라이스 떡갈비

떡갈비는 보통 소고기와 돼지고기를 섞어 만들어요. 이때 돼지고기를 콜리플라워 라이스로 대체해도 맛과 식감은 떡갈비 그대로예요. 칼로리 걱정 없이 감칠맛이 풍부한 고기 요리를 먹고 싶을 때 좋은 음식으로 추천합니다.

재료(5~6개 분량)

콜리플라워 라이스 1컵
다진 소고기 300g
다진 마늘 2큰술
다진 생강 1/4큰술
빵가루 4큰술
우유 4큰술
올리브 오일 적당량
잣가루
말린 대추 조금(고명용)

✽ 양념
간장 4큰술
설탕 3큰술
식초 1큰술
참기름 1큰술
후춧가루 조금

만드는 법

1 빵가루는 우유에 버무려 불린다.

2 양념은 분량의 재료를 잘 섞어둔다.

3 소고기와 콜리플라워 라이스, 우유에 불린 빵가루, 다진 마늘, 다진 생강을 잘 섞은 뒤 ②의 양념을 넣고 계속 치댄다.

4 ③을 햄버거 패티처럼 도톰한 원 모양으로 빚고, 올리브 오일을 두른 프라이팬에 앞뒤로 잘 굽는다. 접시에 담고 잣가루와 대추를 고명으로 올려 장식하고 맛도 더한다.

TIP 빵가루가 없으면 빼고 만들어도 된다. 그 대신 더 많이 치대야 패티를 구울 때 부서지지 않는다.

새우굴림만두

밀가루 없이 피를 아주 얇게 만든 이북식 만두입니다. 탄수화물 섭취를 최대한 줄일 수 있는 데다 새우 살의 풍미를 입안 가득 느낄 수 있으니 그야말로 호사스러운 건강식이죠. 채소도 함께 섭취하고 싶으면 제철 배추의 잎으로 새우 반죽을 싸서 지지거나 쪄보세요. 배추의 단맛까지 더해져 더 맛있습니다.

재료(8~9개 분량)

냉동 탈각 새우 8마리
(칵테일 새우는 20~25마리)
다진 마늘 1/2큰술
다진 쪽파 3큰술
달걀 1개
간장 1큰술
참기름 1큰술
옥수수 전분 3큰술
소금·후춧가루 조금씩

✳ 초간장
간장·식초 1큰술씩

만드는 법

1 냉동 탈각 새우는 물에 한 번 씻어 물기를 제거한 뒤 칼로 대충 다진다.

2 다진 새우에 다진 마늘과 다진 쪽파를 섞고 달걀과 간장 1큰술, 참기름 1큰술, 소금과 후춧가루를 넣어 치댄다.

3 ②의 새우 반죽을 작은 완자 모양으로 빚어 옥수수 전분에 굴린다.

4 김이 오른 찜통에 찜틀을 깔고 ③을 쪄서 익힌 뒤 접시에 담아 초간장을 곁들여 낸다.

TIP 새우를 양식할 때 항생제를 사용하지 않은 무항생제 새우를 쓰는 것도 좋다. 양식장에서 감염병 예방이나 치료 목적으로 사용하는 항생제를 배제하고 건강하게 키운 종류다. 엄격한 수질 관리와 질 좋은 사료, 면역력 증진 등을 통해 자연에 가까운 방식으로 키우므로, 항생제 걱정 없이 안전하게 새우 요리를 먹을 수 있다.

근대쌈밥

제약 회사와 협업해 당뇨병 예방 캠페인을 수차례 진행하면서 개발한 쌈밥 레시피. 당뇨도 식이섬유를 적절히 섭취하고 이렇게 맛있게 먹으며 이겨낼 수 있습니다. 근대 대신 케일, 깻잎, 상추, 머윗잎 모두 가능합니다.

재료

현미밥 1공기
근대 6장
두부 1/2모
다진 마늘 1큰술
다진 소고기 150g
고추장 2큰술
꿀 2큰술
들기름 적당량

만드는 법

1   근대는 질긴 줄기 부분을 떼고 흐르는 물에 씻은 뒤 끓는 물에 살짝 데쳐서 찬물에 헹군다.

2   두부는 씻어서 으깬다.

3   프라이팬에 들기름을 두르고 다진 마늘과 다진 소고기, 으깬 두부를 넣고 고기가 익을 때까지 천천히 볶는다. 고추장과 꿀을 넣고 약간 더 볶는다.

4   현미밥을 동그랗게 빚어 ③의 장을 올리고, 데쳐서 물기를 꼭 짠 근대에 말아 한 입 크기로 만든다.

5   기호에 따라 들기름에 볶은 소고기 고추장을 따로 곁들여 상에 낸다.

고구마치즈구이

출출한 밤, 도저히 못 참게 야식이 당길 때 에어프라이어에 바로 만들어 먹는 음식입니다. 몸에 좋은 고구마를 올리브 오일에 굽는 방식이어서 배불리 먹어도 죄책감이 덜 하거든요. 물론 야식 말고 간식으로 먹으면 더 좋아요.

재료

고구마 1개, 파르메산 치즈 가루 1컵, 소금·후춧가루 조금씩
올리브 오일 적당량, 파슬리 가루 조금

만드는 법

1   고구마는 껍질째 뜨거운 물에 솔로 문질러 씻은 후 동그랗고 얇팍하게 썬다.

2   썬 고구마에 소금, 후춧가루, 올리브 오일을 넣고 골고루 버무린다.

3   에어프라이어에 종이 포일을 깔고 ②의 버무려둔 고구마를 펼쳐놓는다.

4   파르메산 치즈 가루를 고구마 위에 뿌리고 180℃로 예열한 에어프라이어에 7분간 돌린다.

5   고구마를 뒤집어서 2분 정도 더 돌린 후 그릇에 담고 파슬리 가루를 뿌린다.

건강한 생활을 위해
식습관을 조금만 바꿔보자

체중 감량을 위해서는 칼로리 섭취를 줄여 칼로리 부족 상태를 유지하는 것이 기본. 그렇다고 좋아하는 음식을 완전히 끊어야 할까? 음식을 즐기면서도 신체 사이즈를 줄이는 방법이 있다. 식단의 일부를 저칼로리 재료로 바꿈으로써, 맛과 영양은 취하면서 체중 감량 효과를 얻어보자.

1 흰쌀을 콜리플라워 라이스로 바꾸기

잘게 썬 콜리플라워나 시판하는 콜리플라워 라이스를 흰쌀밥 대신 먹는다. 칼로리는 낮아지고 섬유질이 추가된다. 콜리플라워 라이스는 칼로리가 매우 낮고 항산화 성분과 비타민, 미네랄이 풍부해 많은 채식주의자와 다이어터가 애용하는 식재료다.

2 대체 면 활용하기

두부면, 두유면은 면의 식감을 거의 그대로 유지하면서 칼로리 섭취를 줄여준다. 면을 이들로 대체하거나, 애호박을 채칼로 길게 긁어 국수처럼 만든 뒤 파스타를 만들어보자. 시원하게 먹고 싶으면 오이 국수를 활용해도 되며, 오징어를 아주 가늘게 썰어 국수처럼 먹어도 별미다.

3 샌드위치에 상추 또는 양배추 랩 활용하기

샌드위치 빵이나 버거 번 대신 상추나 양배추 랩을 활용하면 탄수화물과 칼로리를 줄일 수 있다. 몇몇 수제 버거 매장에서도 이 방법을 쓰는데, 이렇게 먹으면 아삭한 식감까지 더할 수 있다.

4 닭고기가 먹고 싶다면 튀기지 말고 굽기

프라이드치킨 대신 구운 닭고기를 선택하면 불필요한 기름 섭취를 줄이고 칼로리를 낮출 수 있다. 튀긴 닭고기는 튀김옷에 기름이 많이 배므로, 껍질을 벗긴 닭 가슴살을 굽는 것이 칼로리와 지방을 낮추는 이상적인 방법이다.

5   마요네즈나 사워크림은 그릭 요거트로 바꾸기

마요네즈, 사워크림 대신 그릭 요거트를 쓰면 지방 섭취를 줄이고 단백질을 추가할 수 있다. 달지 않은 저지방 또는 무설탕 그릭 요거트를 쓰면 사워크림을 넣을 때보다 칼로리와 지방 함량이 낮을 뿐만 아니라 맛도 훨씬 산뜻해진다. 그릭 요거트는 칼슘과 비타민 B도 풍부해 여러모로 건강에 득이 된다.

6   케첩 대신 머스터드소스 선택하기

케첩 대신 머스터드소스를 쓰면 살찔 걱정 없이 음식에 풍미를 더할 수 있다. 머스터드는 칼로리가 거의 없으면서 음식의 풍미를 확 돋운다. 이에 반해 케첩 한 스푼(15g)은 약 15~20칼로리인 데다 이는 대부분 당과 설탕에 기인한다. 마요네즈도 마찬가지. 한 스푼만 먹어도 영양상의 이점 없이 거의 84칼로리를 섭취하게 된다.

7   베이킹할 때 으깬 바나나 활용하기

빵을 만들 때 버터 대신 으깬 바나나를 활용하면 지방과 칼로리를 줄이면서 수분을 유지하는 데 도움이 된다. 으깬 바나나는 버터나 오일을 대체하는 훌륭한 재료이며 식이섬유와 칼륨이 풍부해 영양적인 이점도 크다. 소셜 미디어에서 쉽게 만드는 바나나 브레드 레시피를 다양하게 찾아볼 수 있다.

8   탄산음료 대신 블랙커피 마시기

체내에 지방으로 쉽게 쌓이는 정제당, 즉 흰 설탕 등의 재료만 자제해도 체중 감량, 콜레스테롤 수치 개선 등의 효과가 있다. 당이 든 음료 대신 블랙커피를 마시면 설탕과 크림 섭취를 막을 수 있다. 또, 커피에 설탕시럽을 넣으면 순식간에 당과 칼로리가 치솟으므로 멀리하자. 블랙커피가 싫다면 우유나 두유를 넣은 라테를 추천한다. 꼭 탄산음료를 마셔야 한다면 당이 들어간 종류 대신 탄산수를 추천한다.

Part 4

밥 한 공기 훌훌 먹게 만드는 든든한 국과
맛깔스러운 찌개, 푸짐한 탕

Korean
Soup & Stew

가끔은 따끈한 국물이
밥보다 중요하다

한국인의 염분 섭취량은 한국영양학회의 권장량보다 2배나 높다고 알려져 있습니다. 라면을 먹을 때 국물은 먹지 말라는 조언이 있듯, 우리 일상의 집밥 밥상에 오르는 짜고 얼큰한 국물 요리는 나트륨 다량 섭취의 주범입니다. 짠 음식을 먹고 나면 갈증이 나게 마련인데, 특히 '바깥 음식'을 먹었을 때 종종 생기는 현상이죠. 몸에 좋은 식재료를 듬뿍 넣었음에도 건강에 해롭다니 참 안타깝다는 생각을 하게 된 이후로, 간이 세지 않은 국과 찌개를 끓이기 시작했습니다. 짜고 얼큰한 음식에 익숙한 사람이라면 맛이 없다고 느낄 수도 있지만, 결국은 습관 들이기가 중요한 것 같아요. '재료 본연의 맛'에 집중한 국물은 굳이 간을 세게 할 필요가 없거든요. 조금만 습관을 들이면 간이 센 음식에 오히려 거부감을 느끼는 입맛을 되찾을 수 있어요. 밥상에 빠질 수 없는 국과 찌개 요리는 이제부터라도 약간 싱겁고 심심하게, 그러나 재료의 감칠맛을 풍부하게 우려낸 스타일로 즐겨보기 바랍니다.

* 기본 국은 2인분, 찌개와 탕은 2~3명이 먹기 알맞은 양을 기준으로 만들었다.

국·찌개·탕, 물로 끓일까 맛국물로 끓일까?

매일 집밥을 먹는 가정에서는 국이나 찌개도 하루에 한 번은 끓여야 하는데,
이런 경우 육수를 상비해 두면 밥상 차리기가 무척 간편해집니다. 만들어서
냉장 보관하면 일주일 정도 쓸 수 있어요. 여기에서 소개하는 만능 육수는
감칠맛을 내는 대표 식재료인 소고기와 다시마, 북어를 넣고 끓인 것입니다.
북어가 들어가면 시원하면서도 달콤한 맛이 나는 게 특징이에요. 저는 모든
국물 요리를 할 때 주로 된장을 풀어 끓입니다. 채소로만 맛을 내야 하는 국
물 요리에는 멸치 육수를 쓰는 것도 좋은데, 멸치 육수 역시 넉넉히 끓여 냉
장고에 4~5일간 두고 먹을 수 있습니다. 멸치 육수는 10~15분간 끓였을 때
제일 맛있는 감칠맛이 납니다. 무조건 오래 끓인다고 국물 맛이 진해지는 것
은 아니에요. 오히려 비린 맛이 날 수 있으니 짧게 끓여 우리세요.

만능 육수 만들기

재료   소고기(양지머리) 500g, 다시마(10×10cm) 10장, 양파 1개, 북어채 한 줌, 대파(흰 부분) 2대, 무 1/4개, 청주 1/2컵, 간장 4큰술, 설탕 1큰술, 물 5L(두 번째 우리는 물은 2~3L)

만드는 법   1 소고기는 찬물에 20분 정도 담가 핏물을 뺀다.

          2 양파, 대파, 무는 포크에 꽂아 가스불에 겉면을 태우듯이 잠시 굽는다. 이렇게 구워 육수를 내면 단맛이 훨씬 진하고 국물에 넣는 재료의 잡내도 없앨 수 있다(생략해도 상관없다).

          3 냄비에 물 5L와 소고기, 다시마, 북어채, 양파, 대파, 무, 청주를 넣은 뒤 20분간 센불에서 끓인다.

          4 ③에 간장과 설탕을 넣고 10분간 더 끓인 다음, 체에 걸러 국물만 받는다.

          5 ④의 남은 재료에 물 2~3L를 붓고 30분간 끓이면 두 번째 육수가 완성된다. 첫 번째만큼 진하지는 않지만, 간단한 국물 요리에 요긴하게 활용할 수 있다.

TIP   • **국물을 우리고 남은 고기는?** 건진 소고기를 먹기 좋은 크기로 썰어 파채와 간장 양념을 더해 버무리면 즉석 수육무침을 별미로 즐길 수 있다.
         • **간장 양념** 간장 2큰술, 고춧가루 1/3큰술, 식초 2큰술, 설탕 1큰술, 참기름 1큰술, 다진 마늘 1/3큰술

멸치 다시마 육수 끓이기

만능 육수가 없으면 멸치 우린 물을 쓴다. 찬물 3L에 청주 200ml, 내장을 제거한 멸치 20마리와 다시마(10×10cm) 4장을 넣고 10~15분 끓인 다음 체에 걸러 사용하면 된다.

* 이 책에서는 멸치 다시마 육수를 기본 육수로 사용했다. 간편하게 시판용 다시 팩이나 코인 육수 등을 써도 된다.

배추된장국

배추는 심심한 듯하면서도 달큼하고 담백한 맛을 지녔습니다. 그래서 제철 채소의 참맛을 아는 사람은 무침, 전, 국, 쌈 등 다양한 배추 음식을 즐깁니다. 비타민이 풍부한 말린 시래기로 시래기된장국을 끓여 먹는 것도 추천합니다. 지금 소개하는 된장국은 생강과 된장의 맛 궁합을 살린 특별한 국물 요리입니다. 더없이 시원한 맛을 보장합니다. 된장은 콩을 걸러내기 위해 체에 내려 쓰는 경우가 많은데, 사실 그대로 넣고 끓여야 맛이 훨씬 풍성해요. 그러니 깊은 감칠맛을 내고 싶다면 체에 거르지 말고 쓰세요.

재료

멸치 다시마 육수 1L
(물 1.5L + 멸치 다시마 육수 팩 1개)
배춧잎 4장
다진 마늘 1/2큰술
다진 생강 1/4큰술
된장 2큰술
고추장 1/2큰술

만드는 법

1 물에 멸치 다시마 육수 팩을 넣고 15분간 끓여서 육수를 낸다. 만능 육수를 이용해도 된다.

2 끓인 육수에 배춧잎을 손으로 뚝뚝 끊어 넣는다.

3 된장, 고추장을 풀고 다진 마늘과 생강을 넣어 배추가 부드럽게 익을 때까지 푹 끓인다.

TIP 배춧잎은 칼로 자르는 것보다 손으로 거칠게 뜯어서 넣는 편이 훨씬 맛있다. 매끈하지 않은 단면이 독특한 질감과 풍부한 맛을 내기 때문이다. 배춧잎 시래기로 된장국을 만들 때는 시래기 한 줌을 시래기 양념(된장 2큰술 + 간장 1큰술 + 참기름 1/2큰술 + 다진 마늘 1큰술)에 버무린 다음 물(멸치 다시마 육수나 만능 육수) 1L에 넣고 끓인다.

소고기뭇국

제철 무로 끓인 소고기뭇국에 밥 한 그릇을 말아 먹을 때면 행복하다는 기분이 듭니다. 뜨거운 국을 '시원하다'고 표현하는 어르신들의 말씀에 절로 고개를 끄덕이게 되는 국물 요리의 대표 음식이죠. 말간 서울식과 얼큰한 경상도식 모두 별미인데, 이번에는 얼큰하게 끓여보았습니다.

재료

소고기(양지머리) 200g
대파 2대
양파 1/4개
무 1토막(약 200g)
물 2L
들기름 3큰술
소금·후춧가루 조금씩

✳ **고기 양념**
고춧가루 2큰술
고추장 1큰술
다진 마늘 1큰술
까나리액젓 2큰술
간장 2큰술
참기름 2큰술
설탕 1/2큰술
후춧가루 조금

만드는 법

1   소고기는 한 입 크기로 썰어 양념에 버무려둔다.

2   대파는 성인 손가락 한 마디 길이로 썰고, 양파는 한 입 크기로 썬다.

3   무는 큼직하게 어슷어슷 썬다.

4   냄비에 들기름을 두르고 무를 약불에서 볶다가 물을 조금씩 부어가면서 투명해질 때까지 볶는다. 소금으로 간한다.

5   나머지 물을 모두 붓고 대파와 양파, 양념한 소고기를 넣은 뒤 5분 정도 푹 끓인다. 후춧가루로 간을 맞춘다.

TIP 취향에 따라 콩나물이나 고사리, 토란대 등 다양한 채소를 넣어 끓여도 맛있다.

오징어뭇국

싱싱한 오징어가 있으면 무와 같이 재료 본연의 맛이 완벽하게 어우러진 맑은국을 끓여보세요. 담백하고 깔끔하면서 시원한 국물 맛의 비결은 오징어와 무를 들기름에 볶는 것. 다른 기름보다는 들기름에 볶아야 맑은 국물에서 진한 풍미가 살아납니다.

재료

오징어 1마리
무 1토막(약 120g)
양파 1/4개
대파(흰 부분) 1대
들기름 3큰술
소금 조금
만능 육수 800ml
홍고추(고명용) 조금

✱ 양념
국간장 2큰술
청주 2큰술
새우젓국 2큰술
다진 마늘 1/2큰술

만드는 법

1   오징어는 껍질을 벗기고 다리 쪽의 눈 주위를 잘라낸 후 밀가루로 문질러 씻는다. 도톰하게 썰어 양념에 미리 버무려둔다.

2   무는 네모지고 납작하게 썰고, 양파와 대파도 한 입 크기로 썬다.

3   들기름을 두른 냄비에 무와 소금을 넣어 센불에서 2분 정도 재빨리 볶는다. 무가 투명해지면서 익으면 오징어를 넣고 살짝 볶는다.

4   분량의 육수를 넣고 5분 정도 푹 끓여서 완성한다. 홍고추가 있으면 송송 썰어 고명으로 올린다.

TIP • 만능 육수로 국물을 내는 편이 훨씬 맛있다.
• 오징어 껍질은 손에 소금을 듬뿍 묻히면 미끄러지지 않아 쉽게 벗길 수 있다.
• 양념에 고춧가루를 1큰술 정도 추가하면 연한 분홍빛이 나는 국물이 완성된다. 맛도 살짝 칼칼해진다.

북엇국

북어와 황태는 모두 명태를 말린 것으로, 건조 방식에 차이가 있어 다른 이름으로 불립니다. 아마 이 둘로 끓인 국을 비교하면 북어 살은 식감이 더 치밀하고, 황태 살은 포실한 느낌일 거예요. 둘 다 숙취 해소 효능이 탁월한 아스파라긴산을 풍부히 섭취할 수 있습니다. 해장국의 대명사지만 일상적으로 먹는 건강 국물 요리로도 그만입니다.

재료

북어채(또는 황태채) 한 줌(약 80g)
무 100g
들기름 2큰술
육수 1.5L
다진 마늘 1/2큰술
까나리액젓 1/2큰술
소금 조금
홍고추(고명용) 조금

＊ 양념
간장 2큰술
들기름 2큰술
물 2큰술

만드는 법

1 북어채는 손으로 비벼 가시나 껍질 등 입에 걸릴 만한 부분을 제거한다.

2 북어 양념은 미리 섞어서 잘 섞이도록 한다. 북어채에 넣어 조물조물 버무린다.

3 무는 네모지고 납작하게 썬다.

4 냄비에 들기름과 물 2큰술을 넣고 무를 잠시 볶다가 양념한 북어를 넣는다. 물을 살짝 더해가면서 촉촉하게 볶는다.

5 분량의 육수를 붓고 센불에서 끓이다가 까나리액젓과 소금, 다진 마늘로 간을 한다.

6 10분 정도 충분히 끓인 후 송송 썬 홍고추를 올려 먹는다. 모자란 간은 소금으로 맞춘다.

TIP 마지막에 들깻가루 1큰술을 넣고 3분 정도 더 끓이면 부드러운 북어들깨탕이 된다. 들깨의 고소한 맛과 향을 좋아하는 사람에게 추천한다.

소고기미역국

생일을 축하하는 음식인 미역국은, 고려인들이 바닷가에서 새끼를 낳은 어미 고래가 미역을 뜯어 먹으며 치유하는 모습을 본 데서 유래했다고 합니다. 저는 엄마가 하시던 방식으로, 소고기 양지머리를 양념해 넣어 부드럽고 고소한 맛을 살려 끓입니다.

재료

건조 미역 한 줌
소고기(양지머리) 200g
참기름 3큰술
소금·후춧가루 조금씩
육수 2L

＊ 고기 양념
다진 마늘 1/2큰술
까나리액젓 2큰술
간장 2큰술

만드는 법

1   미역은 찬물에 30분간 불린 다음, 조물조물 씻어 물기를 빼고 먹기 좋은 크기로 자른다.

2   양지머리는 성인 손가락 한 마디 길이로 작게 자른 다음, 고기 양념에 잘 버무려둔다.

3   냄비에 참기름을 두르고 미역과 양념한 고기를 겉면이 익을 정도로만 볶는다.

4   육수를 자작하게 붓고 소금, 후춧가루로 간을 맞춰 완성한다.

TIP 미역국은 시간을 들여 푹 끓인 뒤 하루 지나 먹으면 더 맛있고 고소하다. 바로 끓여 먹어야 하는 상황일 때는 약불에서 가능한 한 오래 끓이는 것이 좋다.

명란두붓국

'솔트'에서 명란파스타를 만들고 남는 껍질이 아까워 개발한 메뉴. 일반 젓갈의 염도는 5% 정도인데, 명란파스타에 쓰는 백명란은 염도가 훨씬 낮거든요. 국물 요리에 이런 염도 낮은 명란을 넣고 간을 더하는 방법으로 조리하면 한층 균형 잡힌 맛을 낼 수 있습니다. 이 책에서 소개하는 레시피는 명란젓을 통째로 사용합니다.

재료

저염 명란 1개
대파 1대
양파 1/4개
두부 1/2모
물 2L
멸치 다시마 육수 팩(시판 제품) 1팩
다진 마늘 1큰술
참기름 1큰술

만드는 법

1 명란은 숭덩숭덩 썬다.

2 대파와 양파는 한 입 크기로 썬다.

3 두부는 성인 엄지손톱 크기로 작게 썬다.

4 물에 멸치 다시마 육수 팩을 넣고 15분간 끓여 육수를 낸다.

5 육수에 대파, 양파를 넣고 1~2분간 끓이다가 명란과 명란 껍질, 다진 마늘, 두부를 넣고 조금 더 끓인 뒤 참기름을 넣어 완성한다.

TIP • 두부는 한 입 크기보다 작게 써는 것이 알맞다. 한 입 후루룩 떠먹을 때 두부와 국물에 떠다니는 명란 알갱이들이 함께 씹혀야 맛의 조화와 식감이 살기 때문이다.
• 대파, 양파를 먼저 넣고 끓여 채수를 우려내는 것도 포인트. 명란을 함께 넣고 오래 끓이면 젓갈의 염분이 빠져나오면서 쓴맛이 우러나기 때문이다.

부대찌개

제가 가장 좋아하는 부대찌개에는 남다른 맛 취향이 있어요. 외식으로 먹을 때는 미트볼이 들어 있는 부대찌개를 좋아하는데, 집에서 만들 때는 꼭 오리지널 콘킹 소시지를 넣습니다. 그리고 소시지와 햄을 그냥 넣고 끓이면 국물에서 비린 맛이 날 수도 있는데, 김치와 함께 볶아 끓이면 어마어마한 감칠맛을 느낄 수 있답니다. 보글보글 끓는 국물에 버터를 한 조각 녹여 마무리해 보세요.

재료

부대찌개용 소시지(콘킹) 3개
스팸 1/2통
배추김치 1컵
김칫국 1/2컵
양파 1/4개
올리브 오일 적당량
베이크트 빈 2큰술
버터 1큰술
슬라이스 치즈 1장
신라면 1봉지
라면 수프 1/3봉지
대파 적당량

✽ **양념**
고추장 1큰술
간장 1큰술
설탕 1큰술
다진 마늘 1큰술

만드는 법

1 소시지와 스팸은 한 입 크기로 자른다.

2 손질한 양파도 한 입 크기로 큼직하게 썬다.

3 냄비에 올리브 오일을 두르고 김치와 양파를 볶다가 김칫국물, 소시지와 스팸을 함께 넣고 살짝 볶는다. 재료가 잠길 만큼 자작하게 물을 부은 뒤, 라면 수프 1/3봉지와 양념 재료를 모두 넣고 끓인다.

4 햄과 소시지가 익으면 베이크트 빈과 버터, 슬라이스 치즈를 넣고 한 번 끓이면서 먹는다. 이때 라면을 넣어 기호에 맞게 익혀 먹는다.

TIP 라면을 넣은 뒤에도 마지막까지 시원하게 먹고 싶으면 대파를 최대한 많이 썰어 넣는다.

무수분 순두부찌개

물을 전혀 넣지 않고 끓이는 순두부찌개입니다. 시판 순두부찌개 양념을 이용할 때 물을 넣는 이유는 태우지 않고 끓이기 위해서예요. 그런데 제 방식대로 만들면 순두부 자체의 수분만으로도 충분히 맛있게 완성됩니다. 물을 넣으면 오히려 싱거워져요.

재료

바지락 1컵
탈각 새우 4마리
순두부 1봉지
양파 1/4개
청양고추 1개
달걀 1개
참기름 1큰술

＊ 양념
고춧가루 1큰술
까나리액젓 1큰술
간장 1큰술
다진 마늘 1큰술
참기름 3큰술
후춧가루 조금

만드는 법

1 바지락은 세게 문질러 씻어 수돗물에 30분 정도 담가 해감한다.

2 새우는 등을 갈라 내장을 뺀 뒤 씻어둔다.

3 씻어서 손질한 양파와 청양고추는 작게 썬다.

4 냄비에 참기름 1큰술을 두르고 바지락과 새우, 양파를 볶다가 양념을 모두 넣고 청양고추를 더한다. 이때 불을 너무 세게 하면 타므로 주의한다(물을 1~2큰술 넣어도 된다).

5 바로 순두부를 넣고 뚜껑을 닫아 1~2분간 약불로 끓인 다음, 달걀을 넣고 노른자가 익기 전에 불에서 내린다.

애호박된장찌개

어릴 때 먹던 소울 푸드 격 찌개. 밥을 넣고 푹 끓여 된장 죽으로 먹어도 별미입니다.

재료

애호박 1/4개
양파 1/4개
청양고추 1개
된장 3~4큰술
다진 마늘 1큰술
다진 생강 1/4큰술
고춧가루 1/2큰술
까나리액젓 2큰술
쪽파 조금
마른 멸치 한 줌
물 1L

만드는 법

1 냄비를 불에 달군 후 마른 멸치를 넣고 잠시 볶다가 물을 붓는다. 10분간 끓인 다음 멸치를 건져 육수를 만든다.

2 애호박, 양파, 청양고추는 모두 한 입 크기로 깍뚝썰기 한다.

3 ①의 육수에 된장을 먼저 풀고 양파, 애호박, 청양고추를 넣어 끓이다가 다진 마늘, 다진 생강을 넣고 팔팔 끓인다.

4 ③에 고춧가루를 넣고 까나리액젓으로 간을 해 완성한다. 마지막에 쪽파를 송송 썰어 넣는다.

콩비지찌개

고소하고 영양이 풍부한 콩비지찌개는 한 그릇 비운 후에도 자꾸 더 떠다 먹게 되는 음식입니다. 돼지고기까지 듬뿍 넣으면 쌀밥이 없어도 실한 한 끼가 되어주죠. 더 맛있게 먹는 비결! 돼지고기를 넣어 국이나 찌개를 끓일 때 미리 양념으로 밑간해 두면 감칠맛이 한층 살아납니다.

재료

콩비지 2컵
배추김치 1/2컵
돼지고기 목살(또는 삼겹살) 100g
참기름 3큰술
물 100~150ml

✳ **고기 양념**
간장 1큰술
까나리액젓 1큰술
다진 마늘 1큰술

✳ **곁들이 간장**
다진 청양고추 1큰술
다진 쪽파 1큰술
고춧가루 1/2큰술
간장 2큰술
식초 1큰술
참기름 1큰술

만드는 법

1   돼지고기는 한 입 크기로 썰어 고기 양념에 버무려둔다.

2   배추김치는 먹기 좋게 송송 썬다.

3   뚝배기에 참기름을 두르고 돼지고기와 김치를 넣어 잠시 볶는다.

4   ③에 콩비지를 넣고 10분 정도 저으면서 끓여 완성한다. 조금 되직해지면 물 100ml 정도를 더해서 끓인다.

5   분량의 재료로 곁들이 간장을 만든다. 곁들이 간장을 콩비지찌개에 뿌려가면서 먹는다.

TIP • 본래 비지는 두부를 만들고 남은 찌꺼기를 가리키는 명칭이지만, 현재는 콩을 갈아 만든 식품을 의미한다. 콩비지라고도 부르며, 콩의 영양 성분을 온전히 지녀 맛과 영양이 탁월하다.
• 콩비지는 잘 젓지 않으면 냄비 바닥에 눌어붙기 십상이다. 반드시 잘 저으면서 끓인다. 또 물을 조금씩 넣어가면서 끓이는 것도 눌리지 않는 비결이다.

돼지고기김치찌개

우리 집 김치찌개는 대파를 듬뿍 넣어 시원하게 끓이는 게 특징입니다. 그리고 김장할 때 양지머리로 우린 소고기 육수를 넣어 숙성시키기 때문에 찌개 끓일 때 별도의 양념이 필요 없을 정도죠. 가끔 단시간에 깊은 맛을 내야 하는 상황이면 육수를 따로 넣기도 하고요. 이런 점을 감안해 일반 김치로 끓이는 찌개는 가능하면 물 대신 육수를 쓰기를 권합니다. 여기에 고추장까지 살짝 더하면? 밥 두 공기도 거뜬한 최상의 감칠맛을 살려 완성할 수 있습니다.

재료

돼지고기(목살) 200g
배추김치 300g
만능육수 1L
대파 1대
두부 1/2모
참기름 2큰술

✳ 양념
고추장 2큰술
다진 마늘 1큰술
간장 1큰술
까나리액젓 1큰술
설탕 1큰술

만드는 법

1   돼지고기는 한 입 크기보다 조금 크게 썬다. 대파는 송송 썰고, 두부도 네모나게 썰어둔다.

2   김치는 큼직하게 썬다.

3   냄비에 참기름을 두르고 돼지고기와 김치를 넣어 돼지고기 겉면이 노릇해질 때까지 볶는다.

4   ③에 육수와 양념을 넣어 바글바글 끓인다.

5   고기가 푹 익으면 두부를 넣고 5분 정도 더 끓이다가 대파를 넣는다.

TIP 기호에 따라 멸치 다시마 육수를 써도 된다.

감자고추장찌개

청양고추로 칼칼한 맛을, 차돌박이로 구수한 맛을 오롯이 살린 고추장찌개입니다. 양념한 고기를 한 끼에 다 먹지 못하고 남길 때가 있는데, 이렇게 냉장고에 보관해 둔 자투리 고기가 있으면 고추장찌개 끓일 때 넣어보세요. 양념의 감칠맛 덕분에 찌개 맛이 한결 살아납니다.

재료

감자 1개
차돌박이 100g
양파 1/4개
두부 1/2모
청양고추 2개
참기름 1큰술
만능 육수 1L
송송 썬 대파(또는 쪽파) 1큰술

✳ 양념
고추장 2큰술
고춧가루 1큰술
다진 마늘 1큰술
까나리액젓 2큰술
설탕 1큰술

만드는 법

1 껍질을 벗겨 손질한 감자와 양파는 한 입 크기보다 큼직하게 반달 모양으로 썬다. 청양고추는 얄팍하게 썬다.

2 두부는 네모 모양으로 얄팍하게 썬다.

3 냄비에 참기름을 두르고 차돌박이를 넣어 빠르게 익힌다.

4 ③에 양파와 감자를 넣고 살짝 볶다가 육수를 붓고 양념을 풀어 감자가 익을 때까지 10~15분간 뚜껑을 덮고 푹 끓인다. 국물이 600ml 정도, 자작하게 남으면 적당하다.

5 청양고추와 두부를 넣고 한소끔 더 끓인 다음, 대파를 얹어 마무리한다.

맑은양지곰탕

쌀쌀한 날씨에 간절해지는 뜨끈하고 진한 국물 하면 단연 설렁탕과 곰탕이죠. '푹 고은' 것이라는 점에서는 둘 다 같지만, 곰탕은 양지머리나 사태 같은 살코기에 내장 등을 섞어 끓인 것이고, 설렁탕은 사골과 잡뼈를 우려낸 국물이라는 차이가 있습니다. 그래서 곰탕은 맑고, 설렁탕은 뽀얀 색을 띠죠. 끓이던 냄비에 찬물을 부어 양을 불리면 또 우러나는 것도 곰탕의 매력입니다. 몇 번 끓이면서 연해진 국물은 김장김치에 부어보세요. 며칠 뒤 따라내 소면을 넣어 먹으면 김치말이국수가 됩니다.

재료

소고기(양지머리) 400g
양파 1개
청양고추 1개
깐 마늘 3쪽
청주 3큰술
간장 2큰술
대파(고명용) 조금
소금·후춧가루 조금씩
물 2.5L

만드는 법

1 양지머리는 찬물에 10~20분간 담가 핏물을 뺀 다음 한 번 씻는다.

2 마늘과 청양고추는 꼭지를 떼어내고 양파는 반으로 자른다.

3 찬물에 고명용 대파와 소금, 후춧가루를 제외한 모든 재료를 넣고 센불로 20분 정도 끓이다가 거품을 걷어낸다. 중불로 줄여 30분 정도 고아 완성한다. 고기가 부드러워졌는지 확인하면서 끓일 것.

4 고기를 건져 칼로 썰어 그릇에 담고 국물을 부은 뒤 대파, 소금, 후춧가루를 넣어 먹는다.

TIP 집에서 맛있는 곰탕을 손쉽게 만드는 최고의 방법은 한 번에 많은 양을 끓이는 대량 조리. 큰 냄비에 3kg 정도의 양지머리를 넣고 찬물을 부어 푹 곤다. 첫물을 버리고 냄비를 씻는 번거로운 과정 없이, 부유물만 잘 걷어내며 푹 끓이면 아주 맛있는 곰탕이 완성된다. 또, 불을 끄고 하룻밤 식혔다가 표면에 뜬 기름을 제거한 뒤 다시 한번 끓여 먹어보자. 첫날보다 둘째 날 국물이 더 맛있다.

맑은조개탕

조개탕은 맑고 깔끔한 국물 맛이 필수여서 생물로 끓일 때는 번거로워도 꼭 해감을 합니다. 모시조개는 맹물에 담가 해감하고, 진한 육수를 낼 때 쓰는 바지락은 연한 소금물에 담가 해감하세요.

재료

모시조개(또는 바지락) 300g
다진 마늘 1큰술
청양고추 1개
간장 1큰술
청주 2큰술
멸치 다시마 육수 1L
(물 1.5L + 멸치 다시마 육수 팩 1개)
소금·후춧가루 조금씩

만드는 법

1   조개는 여러 번 박박 비벼서 세게 문질러 씻어 속의 모래까지 깨끗이 빼낸다.

2   냄비에 분량의 육수를 붓고 조개를 넣은 다음 뚜껑을 닫고 끓인다.

3   뚜껑을 닫은 상태에서 1분간 끓이면 조개가 입을 벌린다. 이때 뚜껑을 열고 다진 마늘, 청양고추, 간장, 청주를 넣고 5분간 푹 끓인다. 너무 오래 끓이면 조갯살이 질겨진다.

4   따로 간을 할 필요가 없지만 기호에 따라 소금, 후춧가루를 뿌려 먹는다.

달걀탕

곱게 푼 달걀을 까나리액젓으로 양념해 멸치 다시마 육수에 넣어 끓이는 것이 맛의 비결입니다.

재료

달걀 2개
멸치 다시마 육수 800ml
송송 썬 파 조금
후춧가루 조금

＊ 달걀 양념
까나리액젓 1/2큰술
소금·참기름 조금씩

만드는 법

1 달걀은 잘 풀어서 달걀 양념을 한다.

2 육수가 끓으면 ①을 넣은 다음, 크게 휘휘 저어 가며 익힌다.

3 불을 끈 뒤 파를 넣고 후춧가루를 뿌려 완성한다.

꽃게탕

게 맛이 우러난 국물의 진한 감칠맛이 일품인 꽃게탕은 사계절 아무 때나 끓여 먹어도 금세 또 생각나는 음식입니다. 물론 제대로 된 꽃게를 구하는 게 기본 중의 기본인데, 생물이 아니라면 냉동 제품을 사는 편이 좋습니다. 게장도 살아 있는 게로 담그면 사후경직으로 인해 살이 잘 안 빠져나오기 십상입니다. 가장 좋은 게는 잡자마자 바로 급랭한 거예요. 급랭한 제품인지 확인하고 구입하면 사계절 내내 제철의 제맛으로 즐길 수 있을 겁니다. 그렇다고 봄 암꽃게, 가을 수꽃게의 '생물 철'도 놓치지는 마시기를. 양념 게장 역시 냉동 제품으로 바로 무치는 게 최선입니다.

재료

꽃게 1마리
멸치 다시마 육수 1L
(물 1.5L + 시판 육수 팩 1개)
양파 1/2개
대파 1대, 무 100g
소금 조금
청양고추 1개
콩가루(날것이나 볶은 것 모두 가능)
팽이버섯·표고버섯 적당량

＊ 양념
고춧가루 3큰술
다진 마늘 1큰술
다진 생강 조금
까나리액젓 1큰술
간장 1큰술
참기름 1큰술

만드는 법

1   꽃게는 솔로 잘 문질러 씻은 후 등딱지를 뗀다. 안쪽의 모래주머니를 제거한 뒤 다리와 몸통도 4등분으로 나눈다.

2   양파와 대파, 무는 한 입 크기로 썰고, 청양고추는 얇게 어슷어슷 썬다.

3   멸치 다시마 육수에 양파와 대파, 무를 넣고 끓인다. 이때 소금으로 약간 간을 한다.

4   무가 어느 정도 익으면 양념을 먼저 국물에 풀고, 꽃게를 넣어 2~3분간 끓인다.

5   불을 끄고 콩가루를 뿌리고 청양고추를 얹어서 완성한다. 팽이버섯, 표고버섯 등이 있으면 함께 넣고 끓여도 맛있다.

TIP 구수한 맛을 내는 콩가루는 기호에 따라 듬뿍 넣어도 좋다. 국물에 엉기듯 풀어지면서 게살의 단맛을 자연스럽게 끌어올리는 역할을 한다.

Part 5

좋아하는 제철 재료로 만드는
밥상의 주역, 반찬

Side Dishes
with Rice

비법 살린 손맛으로
밥맛을 돋우다

집밥의 기본은 밥과 국, 주 반찬과 부 반찬 그리고 김치를 포함한 밑반찬으로 나눌 수 있어요. 저는 보통 주 반찬이 필요할 때는 단백질이 풍부한 고기나 생선 요리를 준비합니다. 삼겹살이나 소고기를 이용한 육류 요리도 좋고, 제철 해산물 요리도 좋아요. 부 반찬은 가짓수가 많지 않아도 상관없어요. 제철 재료 위주로 만드는 몇 가지 간단한 부 반찬은 주 반찬의 맛을 보완하는 종류로 두 가지 정도면 충분합니다. 또, 미리 만들어두는 장아찌 등의 밑반찬은 발효에서 오는 건강에 이로운 성분과 고유의 맛이 좋아 김치와 별도로 자주 곁들이고요. 오래 저장해두고 먹을 수 있으니 밥상 차리는 주부로서는 아주 고마운 존재이기도 하죠. 이 장에서는 '밥맛 살리는 밥도둑 반찬'을 소개합니다. 몇 가지 반찬을 제외한 대부분의 음식은 일품요리로 즐기기에도 손색없는 주 반찬 종류입니다.

* 모든 음식은 2~3인분 기준으로 만들었다.

두부쌈장

아주 오래된 우리 집 특별 레시피입니다. 쌈장 맛에 익숙지 않은 아이부터 염분 섭취가 걱정되는 어르신까지 고소하고 맛있게 먹을 수 있어요. 밥에 쓱쓱 비벼 먹어도 좋고, 고기 구워 먹을 때 일반 쌈장 대신 찍어 먹어도 담백한 맛이 일품이에요. 건강해지는 기분은 덤입니다. 취향에 따라 단단한 손두부나 물렁한 순두부 중 선택하세요.

재료

두부 1/2모
고추장 4큰술
된장 1큰술
다진 마늘 1큰술
참기름 6큰술

만드는 법

1   두부는 씻어서 30분 정도 두어 간수를 뺀다. 칼을 눕혀 으깬 후 참기름 2큰술을 넣고 잘 섞는다.

2   으깬 두부에 분량의 고추장, 된장, 다진 마늘을 넣고 잘 섞은 뒤, 마지막으로 나머지 참기름 4큰술을 넣어 잘 섞는다.

3   반찬 통에 담아 윗면을 랩으로 완전히 감싼다. 그대로 뚜껑을 덮어 냉장고에 넣어두고 먹는다. 냉장고에서 숙성된 지 3일째가 가장 맛있고, 이후 한 달 정도 맛있게 먹을 수 있다.

TIP 바로 먹어도 맛있지만 냉장고에서 숙성시키면 맛이 더욱 좋아지는데, 숙성되면서 표면에 물이 생기는 것은 정상적인 현상이다. 또, 먹기 직전에 잘 섞으면 한층 촉촉하고 깊은 맛이 난다. 한번 만들면 한 달 정도 먹을 수 있다.

고추마늘장아찌

김치처럼 밑반찬으로 먹어도, 밥을 비벼 먹을 때 넣어도, 고기를 구워 먹을 때 곁들여도 맛을 돋우는 훌륭한 절임 음식. 매콤한 맛이 입맛을 살리는 대표 장아찌입니다.

재료

풋고추 20개
청양고추 4~5개
깐 마늘 30쪽

✻ 양념
간장 1/2컵
청주 1/2컵
설탕 4큰술
통후추 1큰술
물 5큰술

만드는 법

1   풋고추와 청양고추는 씻어서 물기를 없앤 뒤 꼭지를 떼고 3cm 길이로 썬다.

2   깐 마늘은 씻어서 꼭지를 떼어낸다.

3   냄비에 분량의 양념을 넣고 약불에서 저으면서 끓인다.

4   끓인 양념을 5분 정도 식힌 후 잘라둔 고추와 마늘을 넣고 밀폐 용기에 담는다.

5   실온에서 충분히 식힌 후 냉장고에 넣어두는데, 2시간 이후부터 먹을 수 있다. 물론 6개월~1년간 냉장 숙성시키면 더 맛있고 아삭하다.

TIP • 밀폐 용기가 없으면 끓는 물에 열탕 소독한 유리병에 담아도 된다.
• 오래 삭혀서 먹고 싶으면 고추를 통으로 넣는다. 바늘로 고추를 대여섯 군데 찌르면 간이 속까지 잘 밴다.

깻잎찜

간단한 재료와 조리법으로 누구나 쉽게 만들 수 있는 반찬.
양념을 바르고 전자레인지에 익히면 순식간에 완성되니,
밑반찬이 없을 때 바로 만들어 드세요.

재료

깻잎 30장

✽ 양념
간장 6큰술
다진 마늘 2큰술
다진 대파 4큰술
고춧가루 1큰술
육수 4큰술
참기름 3큰술, 통깨 1큰술

만드는 법

1 깻잎은 흐르는 물에 깨끗이 씻은 후 물기를 정성
껏 잘 털어낸다.

2 분량의 재료를 골고루 섞어 양념을 만든다.

3 깻잎을 2장씩 겹쳐 양념을 골고루 바르고 전자레
인지에 1분 30초간 익혀 완성한다. 반찬 통에 담
아 냉장 보관해두고 먹는다.

톳메추리알장조림

톳은 햇것보다 1년 이상 묵어서 소금기가 하얗게 겉으로 드러나 있는 것이 훨씬 더 부드럽고 맛과 풍미도 뛰어납니다. 햇 톳은 맑고 깨끗해 보이지만 생각보다 질겨요. 저는 햇 톳보다 부드러운 묵은 톳을 선호합니다.

재료

톳 한 줌
깐 메추리알 400g, 무 100g
깐 마늘 8쪽, 청양고추 2개
물 1컵

✻ 양념

육수 2컵, 간장 1/2컵
설탕 4큰술, 청주 1컵
후춧가루 조금

만드는 법

1 톳은 찬물에 한 번만 씻어서 물기를 빼둔다. 여러 번 씻으면 맛이 다 빠진다.

2 무는 한 입 크기보다 조금 크게 썬다.

3 냄비에 물과 양념을 넣고 잘 섞은 뒤 무와 톳을 넣어 끓인다.

4 ③이 10분 정도 끓으면 마늘과 청양고추, 메추리알을 넣고 약불로 15분간 더 끓여 완성한다.

무스테이크

무가 연중 가장 맛있는 가을과 겨울에는 스테이크처럼 구워 먹어보세요. 고기 부럽지 않은 포만감에 완벽한 식감, 충분하다 못해 넘치는 영양소를 모두 얻을 수 있답니다. 소스를 곁들이는 것도 중요한데, 스테이크 소스 만드는 게 번거롭다면 시판 돈가스 소스를 뿌려 먹어도 맛있습니다.

재료

무 200g(1토막)
다시마(10×10cm) 3~4장
올리브 오일 적당량

✽ 깨 소스
통깨 2큰술
땅콩버터 1큰술
마요네즈 1큰술
사과 1/6쪽
깐 마늘 2쪽
후춧가루 적당량
간장 1큰술
설탕 1큰술
참기름 1큰술

만드는 법

1   무는 모양을 그대로 살려 동그랗게 자르고 가장자리를 둥글린다.

2   깨 소스 재료를 모두 믹서에 넣고 간다.

3   흐르는 물에 살짝 씻은 다시마를 냄비에 넣고 잠기도록 물을 부어 끓인다. 끓기 시작하면 무를 넣고 10분간 더 끓인 뒤 건진다. 남은 물은 냉장 보관했다가 나중에 찌개 끓일 때 육수로 사용한다.

4   올리브 오일을 두른 프라이팬에 무를 앞뒤로 지지고, 옆면도 굴려가면서 노릇하게 지진 다음 잠시 꺼내둔다.

5   ④의 프라이팬에 ②의 소스를 넣고 살짝 끓인 후, 무스테이크에 뿌려 완성한다.

명란젓무침

명란젓무침에 쓴 무침 양념은 창난젓, 오징어젓 등 다른 젓 무침에 활용할 수 있습니다.

재료　　명란젓 150g, 다진 쪽파 1큰술, 다진 마늘 1/2큰술, 참기름 2큰술, 통깨 1/2큰술
깻잎 채(가니시용) 조금

만드는 법　1　명란젓은 가위로 듬성듬성 자른다.

2　①에 다진 쪽파와 마늘, 통깨를 대충 섞고 참기름을 뿌려 완성한다.

3　접시에 깻잎 채를 깔고 그 위에 명란젓무침을 담아 내면 더욱 먹음직스
럽다.

TIP　• 명란젓은 다양한 종류 중 취향껏 선택하면 되는데, 개인적으로 무색소·저염 명란을 선호한
다. 냉동이 잘된 저염 명란을 구비해 두면 다양한 요리에 활용할 수 있다.

• 명란젓의 원조는 부산. 부산에서 명태 부산물을 가공하던 기술자가 일본으로 건너간 뒤 현
재의 일본 명란 요리들이 탄생했다. 요즘은 국내에서도 다양한 명란 가공식품을 생산한다.
한편, '명태 실종'이라는 우스갯소리가 나올 만큼 국내산을 구하기가 어려워지면서 미국산
이나 러시아산인 큰 명란을 가공한 제품이 흔해졌다.

명란치즈달걀말이

짭조름한 명란젓을 넣어 더욱 감칠맛 나게 만든 국민 반찬.
당근과 양파, 쪽파 등의 채소를 다져 넣으면 영양도 풍부
해집니다.

재료 달걀 6개, 명란젓 2개, 소금·후춧가루 조금씩, 참기름 조금, 올리브 오일 적당량

만드는 법

1 달걀을 볼에 풀어서 소금, 후춧가루, 참기름을 넣어 잘 섞는다.

2 프라이팬에 올리브 오일을 두르고 푼 달걀물을 3분의 1 정도 넣어 약불
로 익힌 다음 절반 정도 만다.

3 ②에 명란젓을 올리고 다시 3분의 1 분량의 달걀물을 부어 약불에 익힌
후 돌돌 만다.

4 마지막에 남은 달걀물을 넣고 완전히 말아 완성한다.

5 도마에 키친타월을 깔고 김발을 얹는다. ④의 달걀말이를 올린 다음 뜨
거울 때 눌러서 모양을 잡는다.

6 어느 정도 식으면 먹기 좋은 크기로 썰어서 먹는다.

고등어쌈장

쌈밥이나 양배추롤 같은 다이어트식에 곁들이면 몸에 좋고 맛도 좋은 쌈장. 된장으로 감칠맛을 더한 것이 특징으로, 고등어가 없을 때는 참치로 만들어도 맛있습니다. 순살 고등어는 인터넷에서도 판매하고, 집에서 간단히 포를 떠 써도 돼요. 통조림을 쓸 때는 손으로 큰 뼈만 발라내세요.

재료	순살 고등어 1마리 분량, 청양고추 3개, 다진 마늘 2큰술, 다진 생강 1/2큰술
	양파 1/2개, 된장 4큰술, 고춧가루 2큰술, 참기름 3큰술, 물 2/3컵, 소금·후춧가루 조금씩

만드는 법	1	손질한 양파를 잘게 자르고, 청양고추도 씨를 빼고 잘게 자른다.
	2	참기름을 두른 프라이팬에 다진 마늘, 다진 생강, 양파를 볶다가 고등어를 넣어 살짝 익힌다. 이때 소금과 후춧가루로 간한다.
	3	②에 물을 3분의 2컵 붓고 된장을 넣어 잘 저으면서 끓이다가 고춧가루와 청양고추를 넣고 걸쭉해질 때까지 끓여서 완성한다. 이때 고등어 살이 뭉개지기도 하는데, 쌈장으로 먹는 것이므로 상관없다.

고등어생강구이

요즘 마트에서 파는 자반고등어는 예전과 달리 간이 세지 않아요. 그래서 구이를 할 때 쌀뜨물에 담그면 너무 싱거워져 맛도 떨어지죠. 고등어의 비린내를 완전히 없애면서 알맞게 절여진 간을 살려 굽고 싶으면 생강을 활용하세요.

재료

고등어 1마리(필레는 2쪽)
소금·후춧가루 조금씩
올리브 오일 적당량

❋ **양념**
마요네즈 3큰술
다진 마늘 1큰술
다진 생강 1큰술
설탕 1큰술
후춧가루 조금

만드는 법

1 고등어는 뼈를 발라내고 흐르는 물에 씻은 뒤 페이퍼 타월로 물기를 제거한다.

2 양념 재료를 분량대로 잘 섞는다.

3 올리브 오일을 두른 팬에 고등어의 껍질이 밑으로 가게 놓고 중불에서 서서히 익힌다.

4 고등어의 살 쪽 면에 ②의 양념을 고루 바른 뒤 뒤집는다.

5 양념이 타지 않게 약불로 서서히 익힌다. 껍질 쪽에도 양념을 발라 두 번 정도 더 뒤집어서 부드럽게 익혀 완성한다.

TIP 모든 생선은 물기를 잘 제거하면 비린내가 나지 않는다. 고등어는 살만 발라서 파는 것으로 사면 편하다.

검은콩갈치조림

제철인 가을에 제맛을 볼 수 있는 통통한 갈치와 무를 넣고 매콤하게 조린 반찬. 동물성 단백질이 든 부드러운 갈치와 씹는 질감이 좋은 식물성 단백질을 함유한 콩이 더해져 더욱 맛깔스럽습니다. 갈치를 시장에서 산다면 조림용으로 손질해 달라고 부탁하세요. 그러면 지느러미를 떼고 크게 잘라서 손질해 주실 거예요.

재료

갈치 1마리(600g)
무 400g
서리태 1컵
대파 1~2대
소금 조금

＊ 양념
고춧가루 5큰술
고추장 1큰술
간장 2큰술
청주 4큰술
다진 마늘 3큰술
다진 생강 1/2큰술
후춧가루 조금

만드는 법

1   갈치는 흐르는 물에 씻어 물기를 빼둔다.

2   서리태는 깨끗이 씻어 미지근한 물에 담가 10분 정도 불린다.

3   무는 1cm 정도 두께로 큼직하게 썰고 대파는 어슷하게 썬다.

4   냄비에 무를 깔고 무가 찰랑찰랑 잠길 때까지 물을 부은 후, 소금을 뿌려 중불에서 5분 정도 끓인다.

5   무가 끓기 시작하면 갈치를 그 위에 올리고 불린 서리태를 넣는다. 이때 서리태 불린 물도 1컵 정도 함께 붓는다.

6   분량의 재료를 섞어 만든 양념을 ⑤에 골고루 펼쳐 바르듯이 올린다.

7   뚜껑을 덮고 5분 정도 끓인 뒤 대파를 위에 충분히 덮는다. 냄비 뚜껑을 연 상태로 5분 정도 더 조려 갈치와 콩에 양념 맛이 충분히 배게 한다.

TIP • 갈치에 칼집을 내면 양념도 잘 배고, 익으면서 갈치의 모양이 뒤틀리는 것을 방지할 수 있다.
• 갈치에 간이 잘 배고 비린내도 날아가도록 중간중간 냄비 뚜껑을 열어 국물을 끼얹는다.

간장게장

간장게장의 주인공은 간장. 끓여 만든 맛간장이 게 맛을 압도하는 음식이니 잘 숙성된 양조간장을 쓰는 것이 맛의 비결입니다. 진간장, 산분해 간장과 달리 양조간장은 '숙성이 잘된' 맛있는 간장이거든요.

재료
꽃게 2마리, 청고추·홍고추 1개씩, 양파 1/2개
✽ **간장 양념** 간장 1컵, 청양고추 3개, 깐 마늘 10쪽, 물 2컵, 청주 1/2컵, 설탕 1컵
생강 1쪽, 통후추 1큰술, 대파(흰 부분) 1대

만드는 법

1 꽃게는 되도록 산 것으로 준비해 1시간 정도 냉동한다. 게가 기절하면 꺼내 솔로 불순물을 씻어낸 뒤 흐르는 물에 한 번 정도 헹군다.

2 청고추와 홍고추, 양파는 큼지막하게 썬다.

3 간장 양념 재료를 모두 냄비에 넣고 중불에 올려 끓인다. 끓기 시작하면 3분 정도 푹 끓인 다음 완전히 차갑게 식힌다.

4 간장이 완전히 식으면 꽃게와 ②를 넣은 유리그릇에 부어 냉장고에 넣은 뒤 다음 날부터 먹는다.

양념게장

밥 한 그릇 뚝딱 해치우게 만드는 밥도둑 게장 하나만 있으면 다른 반찬은 일절 필요 없어요. 특히 게장 양념은 비빔냉면을 만들어 먹을 때 활용해도 아주 잘 어울립니다. 게장이 남으면 게장의 속살을 모아 비빔냉면이나 비빔국수를 만들어보세요.

재료
꽃게 2마리, 송송 썬 청고추·홍고추 조금씩
✱ **양념** 고춧가루 1/2컵, 간장 4큰술, 설탕 2큰술, 다진 마늘 2큰술
다진 생강 1/2큰술, 통깨·후춧가루 조금씩, 간 사과 4큰술, 참기름 1큰술

만드는 법

1   꽃게는 솔로 문질러 흐르는 물에 씻은 뒤 배꼽을 열어 이물질을 제거하고 살이 없는 다리는 떼어낸다.

2   몸통과 연결된 등딱지 부분을 가르고 배 쪽 모래주머니를 제거한 후 몸통을 반으로 가른다.

3   적당한 크기의 볼에 분량의 양념 재료를 모두 넣고 잘 섞은 뒤 송송 썬 청고추, 홍고추를 넣고 잘 섞는다.

4   ③의 양념에 손질한 꽃게를 넣고 살이 빠지지 않게 살살 양념한 다음 그릇에 담는다.

TIP 간장 양념을 먼저 한 다음 매운 양념을 해도 맛있다. 이 경우 간장 양념은 간장 1컵, 다진 생강 1쪽, 청주 1컵을 함께 넣고 끓여 완전히 식힌 다음, 여기에 꽃게를 30분간 재운다. 이렇게 한 뒤 매운 양념을 하면 게장 안쪽까지 간이 배 짭조름하고 탱탱해져 훨씬 맛있다.

수삼갈비찜

갈비찜은 손이 아주 많이 가 수고스럽지만, 만든 이의 정성을 전하는 음식으로는 비할 것이 없어요. 저만 해도 한 솥 제대로 만들 때는 고기를 삶기 시작하면서 중간 중간의 불 조절과 중간 손질을 거쳐 푹 끓여 완성하기까지 12시간은 족히 걸려요. 이 책에서는 집에서 좀 더 간편하게 만들면서 맛은 온전히 살린 레시피를 소개합니다.

재료

찜 갈비 600g
물 1.5L
청주 500ml
통후추 1/2큰술
수삼 2뿌리
무 400g
표고버섯 5장
당근 1/2개
양파 1/2개
대추 4알
밤 4알

＊ 찜 양념
양조간장 6큰술
설탕 4큰술
다진 마늘 1큰술
다진 생강 1/2큰술
참기름·후춧가루 조금씩

만드는 법

1   찜용 갈비는 칼집을 두세 군데 깊게 넣어 찬물에 1시간 정도 담가 핏물을 뺀다.

2   수삼은 머리 부분을 자르고 칼등으로 껍질을 살살 벗긴다. 무와 당근은 한 입 크기로 썰어 모서리를 둥글린다.

3   표고버섯과 대추는 씻어서 겉면을 키친타월로 닦아 물기를 없앤다.

4   밤은 껍질을 깐다. 양파도 껍질을 깐 후 큼직하게 반으로 자른다.

5   냄비에 물과 청주, 통후추를 넣고 갈비를 넣어 20분 정도 끓인 뒤 거품과 기름을 걷어낸다.

6   ⑤에 찜 양념과 무, 당근, 양파를 넣고 약불에서 20분 정도 더 끓인다.

7   ⑥에 버섯, 대추, 밤을 넣고 20분 정도 더 끓인다.

8   마지막으로 수삼을 넣고 5분 정도 더 끓여 완성한다.

TIP 압력솥을 이용하면 부드러운 갈비찜을 1시간 만에 완성할 수 있다. 커다란 압력솥이 있다면 고기 먼저 끓이고 채소를 넣는 방법으로, 압력 조리 두 번이면 쉽게 완성된다.

꽃갈비구이

꽃갈비는 소갈비의 6, 7, 8번으로, 중앙에 위치하면서 이상적인 마블링과 안정적인 맛이 지녔습니다. 꽃등심과 함께 단연 가장 인기 높은 부위죠. 사실 질 좋은 고기는 특별한 양념 없이 잘 굽기만 해도 그 자체로 근사한 요리가 되지만, 이번에는 달착지근한 감칠맛이 배가하는 양념구이를 소개합니다.

재료

소고기(꽃갈비살 혹은
마블링 좋은 등심) 400g
대파(무침용) 조금
올리브 오일 적당량

＊ 양념
간장 2큰술
설탕 2큰술
청주 1큰술
다진 마늘 1/2큰술
후춧가루 조금
참기름 조금

만드는 법

1   꽃갈비는 칼날로 살살 두들겨 큼지막하게 썰어 둔다.

2   분량의 재료를 잘 섞어 양념을 만든다.

3   ②에 소고기를 조물조물 무친 다음 공기가 닿지 않도록 랩이나 비닐로 덮는다. 냉장고에 넣어 하룻밤 숙성시키면 더욱 깊은 맛을 낼 수 있다.

4   올리브 오일을 두른 팬에 소고기를 앞뒤로 노릇하게 구운 후 접시에 담고 대파무침(Tip 참조)을 곁들여 낸다.

TIP 곁들여 먹는 대파무침을 만들어보자. 성인 손가락 두 마디 길이로 어슷하게 썬 대파 한 줌을 양념(간장 2큰술 + 설탕 1큰술 + 다진 마늘 1/2큰술 + 식초 2큰술 + 고춧가루 1/2큰술 + 참기름 1큰술 + 통깨 1/2큰술)에 버무리기만 하면 된다. 구운 고기에 올려 먹으면 별미다. 파 대신 영양부추로 만들어도 맛있다.

등갈비김치찜

등갈비를 넣어 김치찜을 만들면 일반 김치찜보다 국물이 진하고 감칠맛도 강해집니다. 또, 김치에도 돼지고기의 지방이 스며들어 부드럽고 풍부한 맛을 내게 됩니다. 뼈대가 있어 손에 잡고 뜯는 맛까지 즐길 수 있는 등갈비! 꼭 한번 만들어 맛보기를 바랍니다.

재료

등갈비(쪽갈비) 6쪽
포기김치 400g
두부 1/2모
송송 썬 대파(고명용) 조금
육수 1.2L
올리브 오일 조금

✽ 고기 양념

간장 1큰술
다진 마늘 1큰술
참기름 1큰술
후춧가루 조금

✽ 찜 양념

고추장 1큰술
청주 2큰술
설탕 1큰술
까나리액젓 1큰술

만드는 법

1 등갈비는 찬물에 10~20분간 담가 핏물을 빼고, 갈비뼈 뒤쪽의 얇은 막을 제거한다. 고기 양념에 버무려 10분 이상 밑간을 한다.

2 씻어 물기를 뺀 두부는 한 입 크기로 썰어둔다.

3 냄비에 올리브 오일을 두르고 등갈비를 살짝 볶다가 김치와 분량의 재료를 잘 섞어 만든 찜 양념을 넣고 육수를 부은 뒤 불을 중불에서 약불로 줄여서 20~30분간 서서히 끓인다.

4 ③이 거의 익을 때쯤 송송 썬 대파를 올리고 마무리한다.

TIP 육수는 만능 육수(고기 육수)나 멸치 다시마 육수 모두 잘 어울린다.

바싹불고기

간장 없이 소금으로 간해 깔끔한 맛을 즐기는, 수원식 '수주성 양념불고기'입니다. 일반적인 불고기는 갈비구이와 똑같이 양념하면 됩니다. 간장불고기를 맛있게 만들고 싶으면 앞서 소개한 꽃갈비구이(p.203)의 양념을 참고하고, 감칠맛이 똑 떨어지는 바싹불고기를 좋아한다면 이 레시피를 따라 해보세요. 단, 소금으로 양념하는 불고기는 먹기 직전에 무쳐야 해요. 오래 재워두면 소금이 고기 육질을 딱딱하게 만들어 고기가 질겨지니 주의하세요.

재료

소고기(불고깃감) 400g
다진 쪽파 2큰술
올리브 오일 적당량

＊ 양념
설탕 2큰술
청주 1큰술
다진 마늘 1큰술
참기름 1큰술
소금 1/4큰술
후춧가루 조금

만드는 법

1 소고기는 칼날로 다지듯이 계속 두드리다가 뭉치기를 반복해 연하게 만든다.

2 두드려놓은 소고기에 분량의 양념을 넣고 조물조물 버무린다.

3 올리브 오일을 두른 팬에 고기를 올리고 잘 모아서 납작하게 누르면서 굽는다.

4 앞뒤로 노릇하게 구운 후 다진 쪽파를 뿌려 완성한다.

TIP 고기를 충분히 두드리면 연해지는 것은 물론이고, 지방질이 고루 펴져 양념을 조금만 해도 간이 잘 배고 식감이 부드러워진다.

차돌박이숙주볶음

차돌박이는 소의 앞다리와 몸통 사이에 붙은 살로, 흔히 기름이라 말하는 근지방 부분이 다량 붙어 있어요. 그래서 흰 부분까지 구우면 쫄깃하면서 달게 느껴질 정도로 고소하답니다. 여기에 식이섬유가 풍부하고 아삭한 숙주가 더해지면, 그야말로 환상의 궁합이 아닐까 싶어요. 숙주와 차돌박이 둘 다 익는 속도가 엄청나게 빠르니, 속도 위반이나 예측 출발은 불가. 그러니 만드는 순서를 꼭 잘 지켜 요리하세요.

재료

차돌박이 200g
숙주 100g
깐 마늘 10쪽
양파 1/4개
홍고추 1개
올리브 오일 조금
소금·후춧가루 조금씩

✳ 양념
간장 2큰술
설탕 1큰술
고추냉이 페이스트 1/4큰술
다진 마늘 1큰술
청주 1큰술
후춧가루 조금
참기름 조금

만드는 법

1 숙주는 흐르는 물에 씻어 건진 뒤 물기를 완전히 뺀다.

2 마늘은 칼을 눕혀 꾹 눌러서 다지고, 손질한 양파와 씨를 뺀 홍고추는 가늘게 채 썬다.

3 올리브 오일을 두른 프라이팬에 ②의 마늘과 양파를 갈색이 나도록 중불로 충분히 볶은 후 소금과 후춧가루로 간한다.

4 분량의 재료를 잘 섞어 양념을 준비한다.

5 ③의 팬에 차돌박이를 넣어 볶다가 고기가 익기 시작하면 숙주와 홍고추를 넣고, 양념을 부어 센 불에서 재빨리 뒤집어가며 볶는다.

TIP 차돌박이와 숙주는 금세 익기 때문에 제맛을 내려면 빠르게 볶는 것이 조리의 포인트다.

소고기찹쌀강정

찹쌀을 입혀 기름에 튀기듯 만든 요리는 예부터 부잣집의 상징이었습니다. 특히 소고기에 튀김옷을 입혀 튀기는 것은 거의 드문 일이었고요. 탕수육을 좋아하는 저는 이 요리를 '한국식 탕수육'이라고 부르는데, 마치 교촌치킨의 시그니처 간장치킨의 최고급 버전 같은 느낌이랄까요? 한 번 먹으면 절대 잊지 못할 정도로 맛있답니다.

재료

소고기(구이용 부챗살) 200g
찹쌀가루 1/2컵
소금·후춧가루 조금씩
올리브 오일 적당량

✻ 강정 양념
간장 3큰술
설탕 3큰술
청주 2큰술
물엿 1큰술
참기름 2큰술
송송 썬 청고추·홍고추 2큰술씩

만드는 법

1   구이용으로 준비한 소고기는 앞뒤로 소금과 후춧가루로 밑간한 다음 찹쌀가루를 앞뒤로 골고루 묻힌다.

2   올리브 오일을 넉넉하게 두른 프라이팬에 찹쌀가루를 묻힌 소고기를 앞뒤로 노릇하게 굽는다.

3   ②의 소고기가 다 익으면 접시에 담고, 같은 팬에 분량의 강정 양념을 넣고 졸이 듯이 약불로 끓여서 양념을 완성한다.

4   접시에 담은 소고기에 강정 양념을 뿌리거나 찍어 먹는다. 끓는 양념에 소고기를 넣고 볶아도 된다.

닭강정

어디서나 사 먹을 수 있는 국민 간식이지만, 먹을 때마다 '순살양념치킨이랑 뭐가 다른 거지?' 하는 의문이 생기는 음식. 양념치킨이 튀긴 닭을 달콤한 양념에 버무린 음식이라면, 닭강정은 튀긴 다음 양념에 다시 볶는 것이 특징입니다. 강정 고유의 재료인 물엿이 첨가되어 단맛이 강하고 훨씬 더 끈적해요. 기호에 따라 청양고추 양을 조절하면서 매콤달콤하게 즐겨보세요.

재료

닭고기(다리살) 400g
우유 1/2컵
소금 1/2큰술
후춧가루 적당량
튀김가루 1/2컵
튀김 기름 적당량
다진 청양고추 2개 분량
다진 홍고추 1개 분량
다진 땅콩 혹은 호두 한 줌
올리브 오일 조금

❋ 양념
고추장 1큰술
간장 2큰술
설탕 2큰술
다진 마늘 1큰술
다진 생강 1/2큰술
토마토케첩 2큰술
물엿 2큰술
참기름 1큰술

만드는 법

1   닭 다리살은 흐르는 물에 씻어 물기를 없앤 뒤 3~4등분으로 큼직하게 잘라서 우유에 10분 정도 재워둔다.

2   닭을 체에 밭쳐 우유를 뺀 후 소금과 후춧가루로 밑간한다.

3   ②를 튀김가루에 버무린 뒤 180℃의 튀김 기름에 노릇하게 튀긴다. 기름 온도는 반죽을 한두 방울 떨어뜨리자마자 위로 떠오르면 적당하다.

4   프라이팬에 올리브 오일을 두르고 다진 청양고추와 홍고추를 볶다가 분량의 양념 재료를 넣고 좀 더 볶는다.

5   ④의 양념이 거품이 올라오면서 끓기 시작하면 튀긴 닭고기를 양념에 끓이듯이 볶아서 마무리한다. 위에 다진 땅콩과 호두를 뿌린다.

TIP 닭고기를 우유에 재우면 특유의 누린내가 빠지고, 유지방이 더해져서 육질이 연해지는 효과가 있다. 감칠맛도 더욱 좋아진다.

새우부추전

부추는 밭에서 나는 자양강장제라고 불릴 정도로 몸에 좋은 식재료입니다. 청양고추만 넣어도 매콤하게 별미로 즐길 수 있고, 여기에 식감을 살린 새우 살까지 넣으면 고소한 풍미가 일품이라 손님 초대 요리로 제격입니다.

재료

새우 살 150g(1컵)
부침가루 1컵
조선부추 1/2줌(40g)
청양고추 2개
홍고추 1개
올리브 오일 적당량

❋ 부침개 양념
간장 1큰술
참기름 1큰술
우유 4큰술
물 1/2컵

❋ 초간장
식초 2큰술
간장 2큰술

만드는 법

1   새우 살은 칵테일 새우나 껍질을 벗기고 손질한 생새우를 대충 크게 다져서 씹는 맛이 있게 준비한다.

2   조선부추는 씻어 물기를 뺀 뒤 송송 썬다.

3   청양고추와 홍고추는 가운데 씨를 발라내고 잘게 다진다.

4   숭숭 썬 새우 살과 조선부추, 청양고추, 홍고추를 볼에 담고 부침가루를 넣은 뒤, 부침개 양념 재료를 더해 골고루 섞는다.

5   프라이팬에 올리브 오일을 넉넉히 두르고 ④의 반죽을 숟가락으로 떠 올려 알맞은 크기로 만든 뒤 앞뒤로 약불에 노릇하게 지진다.

6   식초와 간장을 1:1로 섞어 만든 초간장에 찍어 먹는다.

TIP 전을 부칠 때 반죽에 우유를 넣으면 우유 지방 성분으로 인해 반죽이 더 고소해지고, 식감이 쫄깃하게 부쳐진다. 반죽 농도를 맞출 때도 먼저 밀가루와 물을 1:1로 만들고 나서 달걀과 우유로 맞추면 싱겁지 않다.

소시지김치전

김치전은 여러 종류가 있어요. 오징어, 조갯살, 새우, 돼지고기 등등을 더해 만들죠. 이들 모두 김치와 궁합이 아주 좋지만, 제 개인적인 '원 픽'은 프랑크 소시지입니다. 적당한 단맛과 감칠맛을 지닌 소시지가 새콤한 김치 맛을 한층 풍부하게 살려주기 때문입니다.

재료

송송 썬 김치 1과 1/2컵
프랑크 소시지 2개
부침가루 1컵
달걀 1개
올리브 오일 적당량

✽ 부침개 양념
간장 1큰술
고추장 1큰술
참기름 1큰술
우유 4큰술
물 1/2컵

✽ 초간장
식초 2큰술
간장 2큰술

만드는 법

1   프랑크 소시지는 잘게 썬다.

2   볼에 잘게 썬 소시지와 송송 썬 김치를 담은 뒤 부침가루와 달걀을 넣고 잘 푼다.

3   ②에 부침개 양념 재료를 모두 넣고 잘 섞어 반죽을 완성한다.

4   프라이팬에 올리브 오일을 두르고 ③의 반죽을 숟가락으로 크게 떠 올려 앞뒤로 노릇하게 지진다.

5   간장과 식초를 1:1로 섞어 만든 초간장을 곁들여 찍어 먹는다.

굴전

굴전은 말캉말캉한 속살과 살짝 익은 겉면이 조화를 이루게 해서 굴 특유의 식감을 살리는 게 관건입니다. 굴에 밑간해 전을 부치면, 말캉말캉하게 익은 굴전을 씹을 때 육즙과 함께 양념이 입안에 퍼져 기분 좋은 맛의 밸런스를 느낄 수 있습니다. 작은 굴은 양념한 다음 여러 개를 모아 전을 부쳐보세요. 사이사이 양념이 배어 더욱 맛있습니다.

재료

생굴 약 200g(1봉지)
밀가루 4큰술
달걀 1개
다진 쪽파 1큰술
올리브 오일 적당량

✽ 굴 양념
간장 1큰술
까나리액젓 1큰술
다진 마늘 1/2큰술

✽ 초간장
간장 1큰술
식초 1큰술

만드는 법

1 굴은 흐르는 물에 한 번 흔들어 씻어서 건져낸 후 간장, 까나리액젓, 다진 마늘에 살살 버무려 간을 한다.

2 달걀은 풀어 달걀물을 만든 뒤 다진 쪽파와 섞어 둔다.

3 간한 굴에 밀가루와 달걀옷을 입혀 올리브 오일을 넉넉하게 두른 프라이팬에 중불로 노릇하게 지진다.

4 간장과 식초를 1:1 비율로 섞어 만든 초간장을 찍어 먹는다.

TIP • 굴을 소량의 물을 끓인 냄비에 청주(2큰술)를 넣고 살짝 데치면 생굴을 싫어하는 사람도 먹을 수 있게 식감이 적당히 단단해진다. 이 경우 데친 굴을 식힌 다음 밀가루를 묻힌다.
• 밀가루는 최대한 탈탈 털어 튀김옷이 두껍지 않게 해 튀긴다.

주꾸미삼겹살볶음

봄에는 알이 꽉 찬 주꾸미, 가을에는 살이 통통하게 오른 주꾸미를 먹을 수 있어요. 제철을 맞은 주꾸미와 고소한 삼겹살을 매콤한 고추장 양념에 볶아보세요. 야들야들 쫄깃한 주꾸미 특유의 식감을 살리려면 재빨리 익히는 게 중요합니다. 그러니 삼겹살을 먼저 굽고, 고기가 익었을 때 주꾸미를 넣어 함께 볶아야 해요. 밥 없이 안주로 즐겨도 그만입니다.

재료

삼겹살(구이용) 200g
주꾸미 150g
양배추 150g
대파(흰 부분) 1대
통깨(고명용) 조금
소금·후춧가루 조금씩
올리브 오일 조금

＊ 양념
고추장 3큰술
고춧가루 2큰술
설탕 3큰술
청주 2큰술
다진 마늘 1큰술
간장 1큰술
참기름 1큰술

만드는 법

1 생주꾸미는 손가락으로 입 부분을 눌러 입을 제거하고, 눈은 가위로 잘라낸다. 밀가루로 박박 문질러 씻어 헹군 뒤 물기를 빼고 크기가 큰 것은 4등분, 작은 것은 2등분으로 잘라 준비한다. 주꾸미를 자를 때는 다리 사이를 자른다.

2 삼겹살은 한 입 크기로 썬다.

3 씻어서 손질한 양배추와 대파는 성인 손가락 길이 정도로 네모나게 썬다.

4 분량의 재료를 섞어 만든 양념에 손질한 주꾸미를 넣어 조물조물 양념한다.

5 달군 프라이팬에 올리브 오일을 두르고 대파와 양배추를 볶다가 소금, 후춧가루로 간한다.

6 ⑤의 채소가 볶아지면 삼겹살을 넣고 앞뒤로 잘 익힌다.

7 삼겹살이 거의 다 익으면 양념한 주꾸미를 넣고 센불로 재빨리 익힌다. 오래 익히면 주꾸미가 질겨진다.

8 완성된 볶음을 접시에 담은 뒤 통깨를 뿌린다.

TIP • 육류는 양념에 30분 이상 재우는 것이 좋지만, 주꾸미는 오래 재우면 물기가 생겨 맛이 없어진다. 조물조물 버무려 5분 정도만 재운다.
• 알배기 주꾸미는 알을 따로 떼어낸 다음 밀가루로 문질러 씻는다. 알은 이후 볶을 때 넣는다.

매콤해물떡찜

제 대학 시절에 유행한 음식이에요. 떡볶이를 좋아하는 제겐 마치 천국의 음식 같았는데, 사 먹을 때마다 해물의 종류와 양이 부실한 점이 아쉬웠어요. 그래서 언제부턴가 집에서 직접 만들어 먹기 시작했죠. 좋아하는 해물을 원 없이 듬뿍 넣어 만들어보세요. 럭셔리한 떡찜은 손님 초대 음식으로도 딱 좋은 요리랍니다.

재료

홍합 200g
오징어 1마리
오만둥이 100g
통새우 4~5마리
떡볶이떡 150g
양파 1/4개
청양고추 3개
납작당면 100g
올리브 오일 적당량
물 1/2컵

＊ 양념
고춧가루 4큰술
고추장 2큰술
간장 2큰술
까나리액젓 1큰술
설탕 3큰술
다진 마늘 2큰술
다진 생강 1/2큰술
청주 4큰술
후춧가루 조금
참기름 1큰술

만드는 법

1   홍합은 솔로 껍데기를 살살 닦고 입가에 붙은 이물질을 깨끗하게 제거한다.

2   오징어는 내장을 빼고 껍질을 잘 벗긴 뒤 링 모양을 살려 먹기 좋은 두께로 썬다.

3   새우는 흐르는 물에 씻은 뒤 수염과 이마뿔을 자르고 등 쪽의 내장을 제거한다.

4   오만둥이는 흐르는 물에 씻는다. 먹을 때 흙이 씹히지 않도록 껍질에 묻은 이물질을 잘 제거한다.

5   납작당면은 물에 5분 정도 불려둔다. 손질한 양파와 청양고추는 성인 손가락 두 마디 길이로 큼직하게 썬다.

6   볶음용 냄비에 올리브 오일을 두르고 양파와 청양고추를 살짝 볶다가 손질해 둔 해물을 모두 넣고 센불에 30초간 뒤적이면서 볶는다.

7   ⑥에 떡볶이떡을 넣고 물 2분의 1컵을 부은 후 물이 끓으면 분량의 재료로 만들어둔 양념을 넣어 뒤적인다. 양념이 잘 배도록 뚜껑을 덮고 5분 정도 끓인다.

8   마지막에 불린 당면을 더해서 당면이 익으면 불을 끈다. 그릇에 옮겨 담은 뒤 먹는다.

전복마늘스테이크 + 마늘멸치소스

전복이 가장 맛있는 제철은 보양식의 계절이라 불리는 여름이 아니라 겨울. 4월부터 다시마를 먹고 자라는 전복은 찬 바람이 본격적으로 불 때 맛이 최고조에 달합니다. 그렇다면 여름에는 어떻게 조리해야 할지 고민하다가, 마늘 양념으로 구워보니 역시나 맛이 충만해졌어요. 그런데 이것만으로는 어쩐지 모자란 기분. 담백한 전복 맛에 감칠맛을 더해줄 마늘멸치소스까지 곁들이니 금상첨화입니다.

재료

전복(중간 크기) 8~10마리

❋ **전복 양념**
다진 마늘 1큰술
올리브 오일 2큰술
소금 조금

❋ **마늘멸치소스**
안초비(캔 제품) 5마리
다진 마늘 2큰술
올리브 오일 10큰술
페페론치노 3개
멸치액젓(혹은 까나리액젓) 1큰술
올리브 오일 조금

만드는 법

1   전복은 껍데기에서 살을 분리하고 입 부분을 잘라낸 뒤 등 쪽에 칼집을 사선으로 넣는다. 전복 껍데기는 솔로 닦아두었다가 조리한 전복을 담는 용도로 쓴다.

2   손질한 전복을 지퍼 백에 담고 전복 양념을 넣어 흔들어 섞은 뒤 공기를 빼서 잠시 그대로 둔다.

3   프라이팬에 올리브 오일, 다진 마늘, 페페론치노를 부숴 넣고 가열해 향을 낸다.

4   ③의 향이 올라오면 멸치액젓을 1큰술 더해 2분간 끓이다가 안초비를 넣어 숟가락으로 살살 부수면서 2분 정도 더 끓여 마늘멸치소스를 완성한다. 약불로 타지 않게 조심스럽게 끓일 것.

5   프라이팬에 올리브 오일을 두르고 전복의 칼집낸 부분이 바닥으로 가게 해 노릇하게 굽는다. 이때 깐 마늘을 함께 넣고 구워 먹어도 맛있다. 접시에 보기 좋게 담아 마늘멸치소스를 곁들여낸다.

TIP 마무리는 자유롭게. 깨끗이 손질한 껍데기에 조리한 전복을 보기 좋게 담은 다음, 소스를 위에 조금씩 뿌려 내는 스타일도 추천한다. 구운 마늘까지 곁들이면 금상첨화이며, 쪽파, 파슬리, 고추 등의 초록색 채소를 가니시로 곁들이면 보기 좋다.

'씨즌서울 by 홍신애'는 제철 음식을 선보이는 팜투테이블 레스토랑으로 운영하면서 육류와 해산물 요리의 재료 선택에도 심혈을 기울입니다. 제철 식재료를 기반으로, 해산물 메뉴도 자주 바꾸는 편이에요. 가을을 대표하는 해산물은 대하죠. 11월까지 잡히는 대하가 가장 맛 좋기로 유명한데, 이때 살이 통통하게 올라 단맛이 납니다. 이 책에서는 해물찜을 소개했지만, 제철 새우는 소금을 듬뿍 깔고 익혀 먹는 것이 제격입니다. 먹기 좋게 수염과 내장 등을 손질한 뒤 껍질이 선홍색이 될 때까지 익힙니다. 단, 오래 구우면 살이 딱딱하고 퍽퍽해질 수 있으므로 주의하세요.

한편으로, 전복이나 문어 등은 더 부드럽게 먹기 위한 다양한 조리법이 있습니다. 그중 추천하고 싶은 좋은 방법은 가장 신선할 때 냉동하는 것이에요. 살아 있을 때 손질해 세척한 뒤 다진 마늘과 올리브 오일을 넣고 진공 팩에 넣어두세요. 이것을 냉동해 두었다가 요리할 때 쓰면 놀랄 만큼 부드러운 식감을 즐길 수 있습니다.

남해식 생멸치조림

생멸치쌈밥은 남해에 가면 꼭 찾아 먹는 현지의 대표 메뉴인데, 멸치는 봄이 제철입니다. 쌈을 싸 먹는 멸치조림은 멸치찌개라고 부르기도 합니다. 봄동을 비롯해 여러 봄 채소들을 쌈으로 먹을 때 쌈장 대신 좋은 제철, 제맛 음식이에요. 생멸치는 냉동 제품을 써도 상관없고, 멸치가 없으면 꽁치나 다른 생선으로 만들어도 됩니다.

재료

생멸치 200g
양파 1/2개
청양고추 5개
올리브 오일 적당량
물 1/2컵
쌈 채소 적당량

＊ 양념

고춧가루 4큰술
고추장 1큰술
된장 1큰술
다진 마늘 2큰술
국간장 2큰술
다진 생강 1/2큰술
청주 4큰술
설탕 1큰술
후춧가루 다량
참기름 1큰술

만드는 법

1   생멸치는 머리를 떼어내고 가운데 뼈를 빼서 손질한다.

2   양파와 청양고추는 씻어 물기를 제거한 뒤 잘게 다진다.

3   냄비에 올리브 오일을 두르고 양파와 청양고추를 살짝 볶다가 물을 붓고 끓기 시작하면 양념 재료를 모두 넣고 끓인다.

4   ③의 양념이 보글보글 끓어오르면 멸치를 넣는다. 자작하고 조금 끈적해질 때까지 약불에서 서서히 조린다.

5   다양한 쌈 채소와 함께 상에 낸다.

info.

음식의 맛을 살리는 재료들

같은 조리법으로 만들어도 쓰는 재료에 따라 음식의 맛이 달라집니다. 특히
간장, 된장 등 우리음식 대부분에 쓰이는 양념 재료는 직접 담가 먹지 못하
는 이상 시중에 파는 제품 잘 고르는 것이 맛 내기의 비결이 됩니다. 이 책에
소개한 음식을 만들 때 쓴 양념 재료를 소개합니다. 제가 평소 요리할 때도
기본으로 구비해 활용하는 제품들이어서, 이것들로 음식을 만들면 제가 만
든 것과 가장 비슷한 맛을 낼 수 있을 겁니다.

소금 소금은 감칠맛의 기본을 이루는 중요한 재료다. 좋은 소금은 자연스러운 짠맛과 더불어 감칠맛과 깊은 풍미의 원천이 되는 만큼, 음식 맛을 좌우한다 해도 과언이 아니다. 천일염은 전 세계 소금 중 7%에 해당하는 희귀 소금인데, 삼면이 바다인 우리나라에서는 흔히 접할 수 있다. 우리나라는 바닷물을 졸여서 만드는 자염을 기본으로 여러 방식으로 만든 소금을 보유하고 있다. 소금은 채취 방법이나 가공 방식에 따라서 각기 다른 맛을 낸다. 내가 주로 사용하는 것은 염전에 자라는 식물인 함초를 갈아 넣은 '함초 소금'과 전통 방식으로 졸여서 만든 '자염', 그리고 흙바닥에서 수확한 뒤 오랜 시간 간수를 빼며 숙성시킨 '8년 간수 뺀 토판염'이다. **간장** 간장은 아주 많은 제품이 있는데, 제조사나 제품에 따라 염도나 맛의 차이가 크다. 그래서 자신의 맛 내기 스타일에 잘 맞는 것을 선별하는 것이 중요하다. 종류는 빠르게 만든 산분해 간장, 곡물을 넣고 숙성 발효한 양조간장, 콩과 소금과 물로만 만든 조선간장(한식 간장) 세 가지로 나눌 수 있다. 나는 자연스러운 감칠맛을 지닌 양조간장을 주로 사용하며, 요리에 따라 직접 만든 청장(끓이지 않은 조선간장)을 섞어 쓰기도 한다. **된장** 시골 집된장과 시판하는 된장을 섞어서 쓰는 편이다. 최근에는 우리 농산물을 판매하는 온라인 숍 '하이토미'에서 유기농 콩으로 담근 5년 숙성 된장을 구입해 쓰고 있다. **고추장·고춧가루** 이 두 가지는 무조건 밝고 화사한 빛을 띠는 것을 구입해야 한다. 그래야 음식 맛도 깔끔하다. **식초** 현미식초와 사과식초, 포도식초, 애플 사이다 비니거 등 발효한 곡물과 과일식초를 쓴다. **올리브 오일** 조리할 때 식재료가 달라붙지 않게 하는 기능 이외에 이상적인 감칠맛과 영양을 더하는 역할을 한다. 올리브 오일은 한 생명체의 농축된 영양과 맛을 모두 담아낸 '주스(Juice)' 같은 존재. 요즘 주로 쓰는 제품은 그리스산 코로네이키 단일 품종으로 만든 '이야이야앤프렌즈(yiayia and friends)', 스페인의 냉압착 유기농 오일인 '라퐁(LA FONT)' 제품이다. **기타 오일** 동남아시아 요리에는 코코넛 오일, 튀김 요리에는 아보카도 오일 등, 용도에 따라 구분해 쓰는 편이다. **까나리액젓** 생선을 발효시킨 액젓으로, 특유의 감칠맛과 깊은 맛을 내 애용한다. 남해에 가면 로컬 숍에서 직접 담근 제품을 살 수 있는데, 평상시에는 '하선정' 제품을 쓴다.

TIP 마트에서 잘 고르는 법

발효식품은 일정 기간이 지나야 특유의 깊은 맛과 풍미가 생기게 마련이다. '60년 된 간장'이라는 말에 '우아' 하는 탄성이 절로 나오는 것도 시간을 통해 완성된 맛의 가치를 알기 때문. 그 반면에 마트에서 파는 발효식품은 보통 상미 기간이 3~4년으로 표기되어 있어 기간이 지나면 버리는 경우가 많은데, 사실은 큰 의미가 없는 부분이다. 된장과 고추장, 간장, 액젓 등을 마트에서 가장 맛있는 종류로 구하려면 '마감 임박 세일 제품'을 찾아보자. 유통기한이나 상미 기간이 임박해 더 이상 판매하기 어려운 제품을 세일하는데, 사실은 이 제품들이 출고 후 시간을 거치면서 더욱 맛있어졌을 가능성이 크기 때문이다. 발효식품은 시간이 어느 정도 지나야 맛이 든다는 사실을 명심하자. 마치 사람의 연륜처럼 말이다.

Part 6

쌀밥에도 파스타에도
맛 궁합 좋은 유산균 반찬

Kimchi_
Traditional
Fermented
Dishes

곁들이 하나라면 단연 김치다

우리가 대대로 먹어온 김치는 냉장 보관이나 사철 재배가 어려웠던 시절, 제철 채소를 오래 두고 먹을 요량으로 만든 음식입니다. 그런데 요즘은 저장음식의 중요성은 물론이고, 발효를 통해 얻는 건강에 이로운 성분과 독보적인 맛으로도 인기가 높아요. 철마다 나는 어떤 채소라도 모두 김치 재료가 되는데, 단지 모든 종류의 김치가 배추김치처럼 오래 저장해 두고 먹을 수 있는 음식은 아닙니다. 때마다 다양한 제철 채소를 활용해 깔끔하고 시원한 맛, 밥도둑 김치를 만들어보세요.

무엇이든 김치가 된다!
홍신애표 만능 김치 양념 공식

김치가 샐러드와 다른 점은 발효가 진행되는 채소라는
것입니다. 발효가 맛있게 되려면 적절한 물이 필요한데,
김치에서 이 역할을 하는 것이 바로 '젓갈'입니다. 모든
김치 양념에는 한 종류 이상의 젓갈이 들어가 발효를 일
으킵니다. 한편으로, 장기간 보존해야 하는 배추김치 같
은 종류는 기본 양념과 함께 풀을 쒀 넣어 오래도록 발효
균에 안정적인 먹이를 공급할 수 있게 합니다. 그 반면에
버무려서 바로 먹는 김치 종류는 매실청을 넣어 자연스
러운 단맛을 더하기도 합니다.

기본 양념

고춧가루 1컵

다진 마늘 2큰술, 다진 생강 1/2큰술

젓갈(종류 상관없이) 3~4큰술

소금 또는 간장 조금

배 주스 또는 사과 주스 3~4큰술(발효균의 먹이가 됨)

배추김치

제가 만드는 김장김치는 이북 평양식으로 시원하고 아삭한 맛이 일품이에요. 홍신애김치는 고창 배추와 고춧가루, 천일염과 음성 고추, 대정 마늘 등등 전국 각지에서 공들여 구한 재료들을 쓰고, 설탕을 넣지 않는 것이 특징이에요. 저는 김치를 담글 때 한우 육수를 넣어 깊은 감칠맛을 살리는데, 아무래도 재료를 구하기가 번거로울 것 같아 이책에서 소개하는 레시피에서는 생략했습니다. 다양한 재료가 모여 면역력 강화 등 건강에 이로운 수십 가지 효능을 발휘하는 배추김치를 밑반찬으로 먹을 수 있도록 직접 담가 먹는 아주 쉬운 방법을 알려드립니다.

재료

배추 4통(5kg)
소금(천일염) 10큰술
무 1kg
쪽파 60g
절임 물(물 12L + 소금 300g)

＊ 양념
고춧가루 1컵
다진 마늘 1/2컵
다진 생강 1큰술
찹쌀 풀 2큰술
새우젓(오젓) 1/2컵
채 썬 배 1/2개 분량

만드는 법

1   배추는 반을 갈라 밑동 쪽에 소금을 넣어 4시간 동안 절인다.

2   절임 물에 넣고 8시간 동안 절여 물기를 뺀다.

3   손질한 무는 채 썬다. 쪽파도 깨끗이 손질해서 손가락 두 마디 길이로 썬다. 양념 재료를 모두 넣고 쓱쓱 버무린다.

4   배추 밑동 쪽에 김칫소를 먼저 넣고 양념을 살살 발라가며 배추김치를 완성한다. 꼭꼭 눌러 겉장으로 감싼다. 익힌 김치를 먹고 싶으면 하루 정도 실온에 뒀다가 냉장고에 넣으면 된다.

TIP 찹쌀 풀은 물 500ml에 찹쌀가루 2큰술, 밀가루 2큰술, 간장 1큰술을 넣고 중불에서 계속 저으면서 원하는 농도가 될 때까지 끓여 쓴다.

설렁탕집 깍두기

유명 식당 석박지 스타일의 깍두기. 절일 때 사이다를 이용해 톡 쏘면서 시원한 맛이 이색적인데, 청포도 향 탄산음료(웰치스 제로)를 대신 넣어도 산뜻하고 깔끔한 맛이 납니다. 단, 실온에서 쉽게 무를 수 있으므로 이 점은 주의하세요. 일주일간 익히면 가장 좋지만 하루 지나 먹어도 무척 아삭하고 맛있어요.

재료

무 1개(약 1kg)
절임용 소금 1큰술
절임용 사이다 1캔
쪽파 2대

✳ 양념
고춧가루 1/2컵
까나리액젓 3큰술
다진 마늘 2큰술
다진 생강 1/2큰술
매실청 3큰술

만드는 법

1   무는 솔로 깨끗하게 문질러 씻은 다음 필러로 껍질을 벗기고 어슷어슷 썬다. 절임용 소금에 버무려 10분 정도 재웠다가 사이다를 부어 2~3시간 동안 실온에 둔다.

2   쪽파는 손질해 씻어 손가락 두 마디 길이로 썬다.

3   무에 생긴 물을 따라내 버리고 분량의 양념과 쪽파를 모두 넣고 잘 버무려 완성한다. 냉장고에 두고 먹는다. 일주일 정도 익히면 더 맛있다.

TIP 겨울철이라면 버무릴 때 신선한 굴을 넣어도 좋다. 굴석박지는 굴의 감칠맛이 배어 훨씬 깊고 풍부한 맛을 즐길 수 있다.

당근김치

겨울이 제철인 당근을 채 썰어 만들어서 바로 먹는 김치입니다. 채칼을 이용하면 균일한 두께로 얇게 썰 수 있어 매우 편리한데, 저는 트라이앵글 채칼(줄리언 커터)을 사용합니다. 분량의 재료로 만든 양념에 버무리면 바로 완성되며, 단맛이 좀 더 나길 원하면 꿀이나 매실청을 첨가해도 맛있습니다. 한국식 당근라페라고 불러도 되겠죠?

재료

당근 2개
쪽파 조금

✳ 양념
고춧가루 2큰술
다진 마늘 1큰술
다진 생강 1/2큰술
매실청 2큰술
까나리액젓(또는 멸치액젓) 2큰술
간장 1큰술

만드는 법

1 당근은 솔로 흙을 잘 씻어 흠집 있는 부분은 도려내고 채 썬다.

2 손질한 쪽파는 약간 길게 썬다.

3 볼에 분량의 양념을 모두 넣어 잘 섞은 뒤 채 썬 당근을 넣고 버무린다.

4 ③에 썰어둔 쪽파를 넣고 한 번 더 가볍게 버무린다. 기호에 따라 참기름을 넣거나 호두 등 견과류를 같이 버무려 먹어도 맛있다.

TIP 호두를 넣어 만들면 당근에 없는 필수지방산까지 더해져 영양 만점이다. 호두는 두 줌(약 1컵) 정도 준비해서 마른 팬에 천천히 5분 정도 노릇하게 볶는다. 수분이 날아가 훨씬 고소해지고, 호두 속껍질의 쓴맛도 사라진다. 김치 양념을 모두 넣고 볶은 호두를 추가해 골고루 버무리면 완성된다.

파절이

삼겹살의 절친 파절이. 저만의 비법은 고춧가루로 시원하면서도 칼칼하게 무치는 겁니다. 파채만 준비해 먹기 직전에 바로 무치면, 파의 숨이 죽지 않고 상큼해요. 또, 파절이 양념은 고기를 찍어 먹어도 맛있는 소스가 됩니다.

재료

파채 200g(두 줌 정도의 양)
양파채 조금

＊ 양념
고춧가루 1큰술
간장 4큰술
설탕 2큰술
식초 3큰술
다진 마늘 1큰술
사이다 4큰술
고추냉이 페이스트 1/4큰술
참기름 2큰술

만드는 법

1   참기름을 제외한 분량의 양념을 모두 넣고 섞어 둔다.

2   손질한 파와 양파는 채 썬다.

3   채 썬 파와 양파를 ①의 양념에 무친다. 이때 너무 조물조물하지 않는다. 참기름을 마지막에 둘러 완성하는데, 이렇게 해야 쓴맛이 나지 않는다.

알배추겉절이

이북식(또는 우래옥식) 겉절이는 익은 김치가 없을 때 배추속 대로 간단히 만들어 먹기 좋아요. 익은 김치와는 또 다른 특유의 신선한 맛과 아삭한 식감을 즐겨보세요.

재료

알배추 잎 4~5장
통깨 조금, 참기름 1~2큰술

✻ 양념
고춧가루 2큰술, 다진 마늘 1큰술
다진 생강 조금, 매실청 1큰술
까나리액젓 1큰술, 간장 1큰술

만드는 법

1 알배추는 잎을 한 장씩 뜯어 물에 씻어 털어서 물기를 없앤 뒤 어슷어슷 큼직하게 썬다.

2 분량의 양념 재료를 볼에 모두 넣고 잘 섞어 양념을 완성한다. ①의 배추를 양념에 잘 버무리고, 마지막에 통깨와 참기름을 넣는다.

파김치

짜장라면과 파김치는 도저히 참을 수 없는 환상의 맛 조합이죠. 그뿐인가요. 삼시 세끼 어떤 음식에 곁들여도 맛있는 파김치는 그만큼 잘 떨어지는 밑반찬이니, 5분 만에 만들어 먹는 초스피드 레시피를 배워두면 편리할 거예요.

재료

쪽파 1단(500~600g)
까나리액젓 4큰술

✳ 양념
고춧가루 1컵, 다진 마늘 3큰술
다진 생강 1/2큰술, 간장 1큰술
사과 주스(또는 시판 갈아만든 배) 1/2컵
소금 1큰술, 매실청 4큰술

만드는 법

1   쪽파는 깨끗이 손질해 흰 부분을 5cm 정도로 잘라 까나리액젓을 뿌려둔다.

2   분량의 김치 양념을 잘 섞은 뒤 절여둔 쪽파의 흰 부분을 손으로 살살 버무리고, 나머지 잎 부분도 양념을 발라 마무리한다. 한 손에 파를 쥐고 양념을 버무리면 통에 담기 편하고 꺼내 먹기도 쉽다.

오이소박이

여름에 먹으면 입맛을 돋우는 오이. 수분 함량이 90% 이 상이어서 수분 보충에도 큰 도움이 됩니다. 아주 간단한 오이소박이 담그는 법을 알려드릴게요. 제철인 여름에 꼭 만들어 먹어야 할 필수 오이 음식입니다.

재료

백오이 4개
조선부추 100g
소금 2큰술

✳ 양념
고춧가루 1/2컵
까나리액젓 3큰술
다진 마늘 2큰술
다진 생강 1/2큰술
매실청 2큰술

만드는 법

1 오이는 손으로 살살 문질러 씻는다. 오이의 양쪽 끝을 잘라 버리고, 2cm 두께로 숭덩숭덩 썰어 한 면에 열십자로 칼집을 깊게 넣는다.

2 소금을 솔솔 뿌려 15분간 절인다.

3 조선부추는 잘 씻어 0.5cm 크기로 썰어둔다.

4 ③의 부추에 모든 양념을 넣어 미리 버무려둔다.

5 절인 오이에서 나온 물을 따라 버리고, 오이에 ④ 의 양념을 골고루 버무린다. 미리 칼집 낸 곳에 양념을 채워 넣어 맛이 골고루 배게 한다.

TIP 오이는 굵은 소금으로 문질러 씻는 것이 일반적이지만, 너무 힘을 줘 씻어 표면에 상처가 나면 더 쉽게 물러질 수 있으므로 주의한다.

파프리카물김치

파프리카는 그냥 먹어도 맛있는 채소지만, 시원한 물김치를 담가 먹으면 가슴속까지 뻥 뚫리는 청량감을 느낄 수 있어요. 단맛과 아삭한 식감이 배가하는 물김치도 꼭 만들어보세요. 사과나 배를 썰어 넣어도 맛있습니다.

재료

미니 파프리카 색깔별로 1개씩

✳ 양념
배 1/2개
양파 1/2개
깐 마늘 12쪽
생강 1톨(엄지손가락 크기)
까나리액젓 4큰술
배 주스(또는 사과 주스) 1/2컵

✳ 소금물
물 1.5L
소금 2큰술

만드는 법

1 미니 파프리카는 반으로 갈라 씨를 뺀 뒤 한 입 크기로 썬다.

2 모든 양념 재료를 블라인더에 넣고 간다.

3 물과 소금을 분량대로 잘 섞어 소금물을 만든다.

4 베주머니에 ②의 양념을 넣어 소금물 담긴 통에 넣고 주므른다. 이때 베주머니를 가끔씩 흔들어 소금물에 양념이 잘 나오게 한다.

5 ④의 국물에 썰어둔 파프리카를 넣고 하루 정도 지나면 먹는다. 매콤한 맛을 원하면 청양고추를 송송 썰어 넣어도 좋다.

홍신애 음식 부동의 곁들이는
피클 아닌 김치!

이탈리아 밥집 '솔트'에서도 김치는 빠지지 않는 곁들이 반찬이었습니다. 파스타에는 피클이 당연시되지만, 설탕이 잔뜩 들어가는 피클을 곁들이로 내고 싶지는 않았거든요. 게다가 달고 신맛이 강한 피클은 그 자체가 주역인 것 같은 생각도 들었어요. 식사를 하는 동안 계속 피클을 더 달라고 요청하는 손님들을 보며 그 믿음이 더욱 굳어졌습니다. 결국 특단의 조치로 피클을 대신하게 된 것이 바로 저희 집 김치였죠. 반찬이 있는 한식 밥상 문화를 고려했을 때도, 입안을 개운하게 하는 신선한 채소 반찬이라면 당연히 맛의 밸런스가 좋을 수밖에 없거든요. 게다가 고기 육수를 넣고 '슴슴하게' 익혀 먹는, 맛이 순한 평양식 김치는 '솔트'의 어떤 요리와도 잘 맞았어요. 언젠가부터 손님들에게 김치는 지극히 당연한 곁들이가 되었습니다.

이렇게 김치의 인기가 높아지면서 김치를 팔아보자는 생각을 하게 되었어요. 매일 집밥을 차리고, 요리연구가로 일하고, 첫 한식 밥집을 운영하는 동안 새삼 김치의 위대함을 발견했거든요. 특히 비법 한우 육수를 넣어 익힌 김치는 오래 두고 먹어도 아삭아삭한 식감과 시원한 맛이 유지되어 김치를 매일 먹지 않는 요즘 사람들도 부담스러워하지 않을 거라 확신했습니다. 홍신애김치가 사랑받는 모습을 지켜보면서 '김치 밀키트'도 구상하는 중입니다. 사람들이 김장을 노동이 아닌 재미로 느끼게 되면 김치도 더 사랑받을 테니까요. 아마 김장 경험이 없는 아이들 교육용으로도 좋을 겁니다. 배추에 김칫소를 넣어 버무리는 소소한 행위의 체험이 전통 김장 문화를 이어가는 데 도움이 되기를 바랍니다.

언젠가 '집 김치'라는 말을 들으며 이젠 정말 김치를 잘 담가 먹지 않는 시대임을 절감했습니다. 제 아들들만 해도 엄마가 김장하는 모습을 보며 자랐음에도 본인들은 잘 못 담그죠. 게다가 식당들은 어떤가요. 배춧값, 무값 폭등도 한몫하지만, 그럼에도 당연히 여기는 밑반찬이기에 먹든 안 먹든 상에 내는 경우가 많아요. 그러다 보니 값싸고 질 나쁜 김치가 상에 오르게 되고, 손님들은 맛이 없어 외면하는 악순환을 맞는 거죠. 이런 현상이 지속된다면 결국 한식의 근간이 흔들리고 말 수도 있을 겁니다. 저는 우리 식문화 속 '맛있는 김치'는 온전히 보전되어야 한다고 생각합니다.

모든 전통 음식이 나이 든 사람들의 희미한 추억 속에만 남아서는 안 됩니다.
요즘 젊은 세대의 호기심을 불러일으키는 '할머니 손맛'이 담긴 음식들처럼,
김치 또한 원형 그대로의 맛으로 생생히 살아나가기를 희망합니다.

Part 7

맛에 진심인 우리,
좋은 사람을 위해 만드는 음식들

People
Who Like My
Dishes

가장 즐거운 일상은
누군가와 음식을 나누는 시간이다

제가 만든 음식을 좋아하는, 조금은 특별한 지인들의 이야기입니다. 제가 요리하는 것을 즐기게 된 이유는 전방위적 호기심 덕분이었어요. 어릴 적부터 못 먹어본 음식은 꼭 먹어봐야 직성이 풀렸고, 일하는 과정에서 새로운 음식, 산지의 식재료를 배워가는 시간 또한 더없이 즐거웠습니다. 전국 각지의 귀한 재료를 알게 된 계기가 되었고요. 많은 분이 '쌀가게'와 '솔트'를 찾아주었는데, 밥은 물론이고 음식 하나하나에 재료 본연의 맛을 담았기 때문인 것 같습니다. 한 번 온 손님이 다시 찾는 일이 많다 보니, 자연스레 미식을 좇는 단골과 친분도 깊어졌어요. 또 쉬는 날이면 여전히 이곳저곳 다니며 미식 여행을 즐기는데, 이때 만난 맛있는 음식을 통해 인연을 맺은 분도 많습니다. 제 요리도 대접하면서 맛에 대한 진심을 나누는 사이로 발전하는 거죠. 이렇듯 가족으로, 일을 통해, 가게 단골로, 음식을 배우면서 등등, 삶의 여러 순간에 인연을 맺은 분들과 나눈 특별한 음식이 무궁무진합니다. 모두 열거할 수는 없지만 언제 만나도 반가운 사람, 매번 차려주고 싶은 음식 한 그릇을 소개합니다.

두 아들이 좋아하는
간장참기름비빔밥

따스한 엄마 밥은 치유의 음식이다

아이들이 어릴 적부터 일을 했다. 어찌 보면 경제력을 키워 아이들에게 더 도움이 되는 삶을 살기 위해서라기보다는 복잡한 집안일과 아픈 아들에 대한 책임을 회피하기 위해 밖에서 일을 찾았던 건 아닌가 싶다. 일을 마치고 늦은 시간 집에 돌아오면 아이들은 이미 잠들어 있었고, 자는 아이들 모습을 보는 것이 미안하면서도 한편으론 평안했다. 밖에서 하루 종일 요리를 하고 집에 돌아오면 손가락 하나 꼼짝하기 싫은 때가 많아 아주 간단하게, 최소한의 노력으로 밥을 해 먹일 때도 많았다. 대표 음식이 비빔밥. 갓 지은 밥에 간장, 버터, 참기름을 넣고 비벼서 김에 싸 주면 아이들은 작은 입을 오물거리면서 참 잘도 먹었다. 가끔 보는 엄마가 반갑기도 하고, 엄마가 입속에 쏙쏙 넣어주는 그 밥이 마냥 좋았던 것 같다.

한번은 아이들과 함께 모 방송 인터뷰를 했는데, 요리연구가 엄마가 집에서도 맛있는 걸 많이 해 주냐는 질문에 아이들은 바로 "네!"라고 답하며 비빔밥을 맛있게 만들어준다고 했다. 실제로 가게에서 남은 음식을 가져가거나 해서 간단히 비벼서 주는 게 전부였던 터라, 그 말을 듣는 순간 눈물이 났다. 그때의 기억 때문인지 내게 비빔밥은 미안함을 삼키게 하는 음식이기도 하다.

그런데 고맙게도, 이제 성인이 된 아이들은 어릴 적 엄마가 해준 밥을 '치유의 음식'이라 생각해준다. 맛있을 뿐만 아니라 자기들을 생각하는 따뜻한 마음, 그리고 잘 보호해야 한다는 책임감이 그대로 느껴지는 밥이었고, 그래서 건강하게 자랄 수 있었다고 말이다. 이렇게 말해줄 때마다 진심으로 고맙고, 모두가 엄마의 음식을 통해 더욱 건강하고 행복해지기를 바라게 된다.

만드는 법

밥 좋아하는 엄마를 둔 덕분인지 아이들도 어릴 적부터 쌀밥을 잘 먹었다. 가장 좋아하는 음식은 간장버터밥(밥 1공기 + 양조 간장 1큰술 + 무염버터 1큰술)에 참기름 1큰술을 더해 비빈 밥이다. 이렇게 한 공기 준비하면 조미김 20장 정도를 싸 먹을 수 있다. 물론 참기름과 간장은 맛과 향이 좋은 제품을 쓰는 것이 필수.

젊은 시절 우리 엄마의 간식
누룽지튀김

유대감은 소중하다, 좋아하는 음식마저 닮아가기에

엄마랑 나는 죽이 잘 맞다가도 한 번씩 크게 의견이 갈릴 때가 있다. 가끔은 도대체 왜 이렇게 고집이 센가 싶어 화가 치솟고, 다시는 보고 싶지 않은 마음이 생길 정도로 심하게 싸운다. 언젠가 한 번은 지금은 생각도 나지 않는 아주 사소한 문제로 격하게 다툰 뒤, 이제 우리 집에 오지 말라고 소리 치며 등을 돌렸다. 그런데 다음 날 엄마가 찾아왔다. 엄마는 반찬 통 두 개를 탁 하고 식탁에 내려놓으면서 이렇게 말씀하셨다.

"너는 내 뱃속에 있을 때부터 내가 먹는 대로 먹고 자란 아이야. 누룽지튀김을 먹을 때마다 네가 발길질을 하면서 얼마나 행복해하던지. 그래서 내 기분이 좋지 않을 때면 누룽지튀김을 먹었잖아. 너라도 기분 좋으라고. 그러니까 지금 이거 먹고 기분 풀어."

언제나 먼저 손을 내미는 쪽은 엄마다. 이럴 때마다 말없이 먹으면서 마음속으로 속삭인다.

'엄마, 미안해.'

만드는 법

솥밥이나 냄비밥을 지어 먹는 집에서는 누룽지를 직접 만들 수 있지만, 전기밥솥을 사용한다면 누룽지는 다양한 시판 제품 중 입맛에 맞는 것을 구입한다. 넓적한 누룽지를 큼직하게 부순 다음 기름에 튀긴다. 키친타월이나 체에 받쳐 기름을 최대한 빼고, 뜨거울 때 설탕과 소금을 뿌려 먹는다. 여든이 되신 엄마의 건강을 위해 최근에 레시피를 조금 바꿔보았다. 누룽지를 더 잘게 부수고, 스프레이로 물도 뿌리고, 유기농 설탕이나 대체 당을 써보기도 했다. 그런데 엄마는 한결같이 옛날에 먹던 누룽지만 좋아하신다.

맛 탐험을 즐기는 허영만 화백과
라이스타코

'괜찮은 밥상' 덕에 인연 맺은 밥친구, 술친구

"좋은 재료를 쓰고, 직접 요리하고, 음식 공부도 하니 맛있을 수밖에."
언젠가 한 방송에서 허영만 선생님이 내 요리에 대해 하신 말씀이다. 요즘 젊은 사람들 입맛에 맞
추기보다 재료 본연의 맛을 그대로 전하고자 노력하는 모습이 멋지다고 칭찬해 주셨다. 누구처럼
되고 싶은지 생각할 때, 늘 가장 먼저 떠오르는 분이 선생님이다. 연세가 우리 아버지와 비슷하신
데, 아직도 혼자 텐트 치고 야영하고, 전 세계를 여행하면서 새로운 음식에 대한 탐구를 멈추지
않으신다. 그동안 새로운 음식에 대한 탐구를 함께 시작하는 경우도 많았다.
"신애야, 넷플릭스 다큐를 보니까 멕시코에서 먹는 타코가 궁금하던데, 하나 만들어줄 수 있어?"
그러면 내가 움직인다. 맛 좋다는 멕시코 식당을 찾아다니며 다양하게 먹어보고, 재료를 사 만들
어보고, 방송에서 본 유사한 요리들에 대해 선생님과 토론도 하면서 즐거운 공부를 하게 된다. 내
라이스타코도 그렇게 탄생한 음식이다. 그뿐인가. 마음에 와닿는 음식이 있을 때면 어떻게 만드
냐고 물어보시는데, 나중에 들어보면 직접 만들어 드셨단다. 언제나 해바라기처럼 밝고 명랑하
게, 즐거운 음식을 만들라는 선생님의 말씀을 늘 기억하면서 열심히 요리하며 살고 싶다.

재료

토르티야 작은 것 3~4장
밥 1/2공기
간 소고기 150g
다진 마늘 1/2큰술
케이준 양념 파우더 1/2큰술
라임 1/2개
소금·후춧가루·올리브 오일 조금씩
다진 양파 2큰술
다진 토마토 2큰술
다진 고수 3큰술

만드는 법

1   토르티야는 달군 프라이팬에 올려 기름 없이 살
    짝 구워둔다.

2   프라이팬에 올리브 오일을 두르고 다진 마늘을
    잠시 볶다가 간 소고기와 밥을 넣고 케이준 양념
    파우더를 뿌려 잘 볶는다. 소금과 후춧가루로 간
    한 뒤 라임즙을 뿌려둔다.

3   ①에 ②를 얹고 다진 양파, 다진 토마토, 다진 고
    수를 올려 완성한다.

집밥을 만들 때마다 늘 생각나는 친구

처음 만나 4년간 라디오 방송을, 이후로 다시 4년 동안 방송 프로그램 〈수요미식회〉를 같이 한 십년지기 친구. 우리 식당에도 자주 들렀는데, 올 때면 늘 밥 두 공기, 고기 두 접시는 기본이었다. 그러다가 언젠가 고등어파스타를 먹은 뒤로는 만날 때마다 노래를 불렀다.

"고등어파스타 만들어줘."가 아니라

"나, 고등어파스타 만드는 법 가르쳐줘." 하고 말이다.

생선보다는 육류를 좋아하고 '초딩 입맛'으로 유명하지만, 그는 알고 보면 좋고 싫음이 분명한 진정한 미식가다. 좋아하는 음식은 직접 만들줄 알아야 성에 차고, 끊임없이 새로운 맛을 창조하고 싶어 하는 탐구자의 자세까지 갖춘 친구. 이제는 나보다 더 잘 만들겠지만, 새로 연 식당에 들른 그에게는 여전히 고등어파스타를 만들어줄 생각이다.

재료

고등어(살만 포 뜬 것) 1마리
대파(흰 부분) 1대
올리브 오일 적당량
소금·후춧가루·페페론치노 조금씩
스파게티 면 1~2인분(100~200g)
면수 1/3컵

만드는 법

1 고등어는 살만 포를 떠서 두 토막으로 자른다.

2 대파는 큼직하게 썬다.

3 스파게티 면을 6분 정도 삶아 건져둔다. 삶은 물은 버리지 않고 그대로 둔다.

4 프라이팬에 올리브 오일을 두른 뒤 대파를 넣고 충분히 볶아 향을 낸다.

5 ④에 고등어를 넣고 소금, 후춧가루, 페페론치노를 뿌려 밑간한다. 절반 정도만 구운 다음 면수를 넣고 1분 정도 끓인다.

6 ⑤에 삶은 스파게티 면을 넣고 충분히 저으면서 볶아 완성한다. 소금과 후춧가루로 간을 더 한다.

방송인 전현무와
고등어파스타

신선한 재료에 잘 배운 조리 기술을 더해 완성한 맛

여경옥 셰프님과는 형님인 여경래 셰프님의 소개로 인연을 맺은 이래, 지금은 형님보다 더 자주 만나고 친하게 지내는 사이가 되었다. '진정한 요리사에게는 복잡한 비법이 필요 없다'라는 진리를 깨닫게 해주셨고, 셰프님이 진심을 담아 해주신 이야기들을 통해 내 요리 철학 또한 조금씩 가다듬어졌다고 생각한다. '척척, 쉽게' 해내는 기술적 방법을 알려주신 분이기도 하다.

중화요리의 대가인 셰프님이 후배 요리사의 식당을 찾을 때 특별히 주문하는 메뉴가 있으니, 심플하기 그지없는 오징어숙회다.

"홍신애가 데친 살캉살캉한 오징어와 홍신애표 초고추장을 부탁해요."

그러면서 이 둘의 조합이 세계 최강이라는 한 마디까지 꼭 덧붙이신다. 선도, 데치는 시간, 곁들이 소스가 완벽하다는 의미로 받아들이면서, 매번 영광이지만 어쩐지 속는 기분으로 오징어를 데쳐 낸다.

재료

오징어 1마리
물(넉넉한 양)
청주 1컵

✽ **초고추장**
고추장 2큰술
식초 2큰술
설탕 2큰술
다진 마늘 조금

만드는 법

1 오징어는 몸통을 가르지 않고 비틀어 다리와 내장을 뽑고 눈 주위를 제거한다. 밀가루로 문질러 깨끗이 씻는다.

2 냄비에 물을 충분히 붓고 청주를 넣어 끓이다가 팔팔 끓으면 오징어를 살짝 데쳐 건진다.

3 먹기 좋은 크기로 썰어 접시에 담고 초고추장을 곁들여 낸다.

TIP 청주에는 쌀 발효 성분이 들어 있어서 청주를 넣은 물에 오징어를 데치면 식감이 훨씬 탱글탱글해진다.

중식 대가 여경옥 셰프에게 인정받은
오징어숙회

정의선 회장이 찾는 소박한 국 한 그릇
김치콩나물국

좋은 김치 맛을 아는 분께 대접하고 싶은 시원한 국

우리나라의 재벌 총수가 우리 식당(솔트)을 처음 찾으셨을 때, 솔직히 나는 그분을 몰라봤다. 현대 차를 타고 오셔서 다양한 음식을 맛있게 드시고 내게 와인까지 선물하셨음에도 '사람 좋은 사장님' 정도로 생각한 것이다. 평범한 아저씨 같은 분이 돈 많아 보이는 친구들 대신 굳이 계산을 한다기에 밥값도 많이 할인해 드린 기억이 선명하다. 어쨌든 그날의 인연으로 회장님은 결혼기념일과 집안 행사, 손님 접대 등 특별한 식사 때마다 우리 식당을 찾아주셨다. 그러던 어느 날, 사모님의 문자를 받았다.

"셰프님이 담근 김치를 더 살 수 있을까요? 우리 집 양반이 아침상에 여기 김치가 없으면 서운해하네요."

와, 양지머리 육수를 넣고 3주간 숙성시켜 만든 홍신애표 김치 맛을 알아보시다니! '의외로 소박한 분'이라는 표현도 틀리지 않은 것 같지만, 진정 간결한 맛과 멋을 추구하는 태도가 존경심을 유발하는 재벌 회장님이 아닐까 싶다.

재료

홍신애김치(배추김치) 1컵
콩나물 150g
물 약 2L
시판 다시 팩 1개
국간장 1큰술
소금 조금
다진 마늘 조금
다진 쪽파 조금
참기름 1/2큰술

만드는 법

1 물에 다시 팩을 넣고 10분 정도 끓여 육수를 우린 다음 건진다.

2 김치와 콩나물을 넣고 뚜껑을 연 채로 3~4분간 끓인다.

3 국간장과 소금으로 간한 후, 다진 마늘과 다진 쪽파를 넣어 시원하게 마무리한다.

4 기호에 따라 참기름을 조금 뿌려 향을 더한다.

스타일리스트 신경옥과
깍두기볶음밥

재료 본연의 맛을 잘 살린 담백함을 사랑한다

신경옥 디자이너는 우리나라 인테리어 분야에서 처음으로 '스타일링'의 개념과 중요성을 본격적으로 알린 인물. 선생님이 대대적으로 리노베이션을 한 건물의 1, 2층을 사용하게 된 것이 맛을 공유하는 인연으로 이어졌다. 그분이 직접 가꾼 아지트이자 작업실 건물에 '솔트'가 입점할 때, 화이트를 좋아하는 선생님이 건물 외부에 샛노란 색을 입혀주셨다. 내게 당신과 달리 엄청난 에너지를 지녔다고 하시면서 말이다. 이런 인연으로 친해진 선생님을 만날 때면 소박하고 따스한 밥상을 차린다. 그중 하나가 깍두기볶음밥이다.

가끔씩 만나 음식 이야기를 나눌 때면, 선생님이 말하는 '담백하다'라는 표현이 참 좋다. 그분이 말하는 담백함의 기준이 한결같고 명확하기 때문이다. 이를테면 양념이 많이 된 음식보다는 재료의 장점을 살린 요리에 대해 담백하고 맛있다고 평하신다. '솔트'의 메뉴였던 항정살구이도 양념을 절제하고 재료의 장점을 잘 살린 '담백한 요리'라서 좋아한다고 말씀하신다.

재료

밥 1공기
다진 깍두기 1컵
차돌박이 200g
올리브 오일 조금
참기름·통깨 조금씩
달걀 1개

✳ 양념
고추장 1큰술
설탕 1/2큰술
양조간장 1큰술

만드는 법

1   잘게 다진 깍두기는 분량의 양념에 무쳐둔다.

2   프라이팬에 올리브 오일을 두르고 ①을 충분히 볶는다.

3   ②에 차돌박이를 넣고 볶다가 고기가 살짝 익으면 밥을 넣어 잘 섞으면서 볶는다.

4   그릇에 ③을 얹고 달걀프라이를 올린다. 참기름과 통깨를 뿌려 마무리한다.

'탕사모'를 위해 만든
홍신애표 탕수육

탕수육과 맛있는 음식을 모두 사랑하는 사람들

탕수육을 사랑하는 사람들의 모임인 '탕사모'는 주기적으로 탕수육 맛집 투어를 하는 모임이다. 모임의 주역인 대표 멤버는 전 버버리 코리아 대표 장재영, 전 스와로브스키 코리아 대표 강효문, 현 노블레스미디어 인터내셔날 유지호 국장. 그리고 탕사모의 시작점은 바로 '솔트'다. 10년 넘게 인연을 맺고 지낸 세 분이 나를 친동생처럼 아껴주시는데, 어느 날 가게에서 요리하느라 지쳐 보이는 내게 뭘 먹고 싶으냐고 물으셨다. 내 대답은 탕수육. 이렇게 탕수육을 함께 먹은 것을 계기로, 이후 우리는 서울 시내의 유명하다는 탕수육집을 죄 찾아다니며 음식도 먹고 친목도 다지게 되었다. 처음엔 한 달에 한 번 모여 서울 시내의 탕수육 맛집을 다녔고, 그러다가 부산도 가게 되고, 심지어 일본 후쿠오카로 단체 여행을 떠나기도 했다. 맛집을 찾아내고 추천하는 건 내 몫이어서 일명 '신애 여행'이라고 불리기도 한다.

사실 탕사모 사람들은 탕수육만큼이나 '솔트' 음식을 좋아한다. 처음 우리 가게에 왔을 때, 자부심을 갖고 만든 음식과 그에 대해 기막히게 잘 설명하는 내 모습이 단골이 된 이유라고 한다. 어디서 어떻게 들여온 재료인지, 그것으로 어떻게 요리했는지를 열정적으로 설명하니 음식을 먹는 사람들로서는 이해가 잘되고, 그만큼 맛도 훨씬 인상적이었을 거라 짐작한다. 페타 치즈를 올려 구운 가지 요리, 볼로네세파스타, 비프웰링턴, 토마토카프레세, 고기를 넣은 떡볶이 등등. 제철, 로컬 재료로 만든 '솔트'의 음식은 무엇이든 잘 먹지만, 이 책에서는 소중한 모임에 대한 헌정으로 '홍신애표 탕수육'을 소개한다.

홍신애표 탕수육

재료

돼지고기(안심) 300g
옥수수 전분 1컵, 물 1컵
달걀흰자 1개 분량
튀김 기름(퓨어 올리브 오일이나
식용유) 적당량
양파 1/4개
목이버섯 2~3장
파인애플 3~4쪽
풋고추 2개

✽ 고기 양념
양조간장 2큰술, 청주 1큰술
다진 마늘 1큰술

✽ 소스
물 1/2컵, 양조식초 1/2컵
양조간장 1/2컵, 설탕 1컵
소스용 전분물
(옥수수 전분 2큰술 + 물 3큰술)

만드는 법

1 돼지고기 안심은 성인 손가락 길이로 도톰하게 썰어 분량의 재료를 섞은 고기 양념에 버무린다.

2 옥수수 전분에 물 1컵을 붓고 잘 섞는다. 전분이 가라앉으면 위에 뜬 물을 버리고, 남은 전분에 달걀흰자를 넣는다. 힘차게 저어 거품이 일게 한다.

3 ①과 ②를 골고루 섞어 180℃의 튀김 기름에 노릇하게 두세 번 튀겨 건져둔다.

4 양파, 풋고추, 목이버섯, 파인애플은 모두 큼직하게 썰어 준비한다.

5 프라이팬에 기름을 두르고 ④를 센불에서 30초간 볶다가 분량의 소스 재료를 모두 넣고 끓인다. 전분물을 풀어 넣고 같이 끓여 농도가 걸쭉해지게 한다.

6 튀긴 고기를 ⑤의 소스에 넣고 함께 볶아 완성한다.

텍사스에서 한식을 전파하는 넬슨 셰프와
고추장육회

신선한 육회도, 양념한 육회도 모두 고급스러운 별미다

고추장육회는 밥반찬은 물론 술안주로도 훌륭한 음식이다. 게다가 '컵육회'가 MZ세대가 사랑하는 미식으로 급부상한 현상을 보면, 제대로 만든 육회는 영양과 맛 모든 면에서 빠질 수 없는 대표 한식임을 다시금 깨닫게 된다. 요즘 세간의 육회 열풍을 보면서 떠오른 셰프님이 있다. 수년 전 미국 셰프들과 함께한 자리에서 처음 한식을 선보이는 행사가 있었다. 주재료는 육회와 고추장. 이 맛이 낯설지는 않을까, 거부감이 들진 않을까. 끊임없이 걱정하던 내게 조언해 준 분이 바로 35년 경력의 미국 셰프 넬슨 밀란(Nelson Millán)이다.

"셰프가 원래 만들던 대로만 하면 모두 좋아할 것 같은데?"

이 한마디로 용기를 주고, 이후 서양 스타일의 가니시나 플레이팅의 포인트 등도 알려주셨다. 알고 보니 넬슨 셰프님의 스승은 한국계 미국인인 빌 김(Bill Kim) 셰프로, 내게도 친숙한 이름이었다. 그분의 격려 덕분에 미국 최고의 셰프 400인이 모인 자리에서 선보인 고추장육회의 맛 평가는 대성공을 거뒀다. 이날을 계기로 우리 전통의 음식 문화를 보전하는 데 대한 믿음도 더욱 커졌다. 홍신애식 양념장으로 만드는 '꿀맛' 육회를 소개한다.

재료

소고기(홍두깨살, 우둔살 등) 200g
참기름 조금
김자반 적당량
다진 차이브(가니시용) 조금

✻ 양념
고추장 2큰술
다진 마늘 1큰술
설탕 2큰술
간장 1큰술
참기름 1큰술
후춧가루 넉넉히

만드는 법

1 육회용 소고기는 얇게 채 썰어 양념에 버무린다.

2 아이스크림 스쿱으로 동그랗게 모양을 만든 다음, 김자반을 올리고 참기름을 뿌려 완성한다.

3 차이브로 색감을 내 마무리한다.

TIP • 양념장은 분량의 재료를 미리 잘 섞어둔다.
• 차이브 대신 깻잎을 얇게 채 썰어 육회 위에 얹어도 맛있다.

전국의 다양한 재료를 통해 김치에 눈뜨게 해준 스승

미국에서 생활하던 시절, 요리를 배우러 한국에 가고 싶다는 생각을 갖게 된 건 박종숙 요리연구가의 장김치 사진 때문이었다. 간장으로 담그는 김치가 있다니! 너무나 새롭고 놀라웠는데, 알고 보니 장김치는 오랜 전통을 지닌 우리 고유의 김치였다. '아, 공부해 봐야겠구나!' 내 요리 인생에 가장 큰 영향력을 미친 선생님. 한국에서 본격적으로 요리연구가 활동을 시작하면서, 마침내 선생님과 사제의 인연을 맺게 되었다.

선생님 주방에서 요리를 돕고 가끔은 혼나기도 해가면서 친해졌는데, 늘 제자가 아니라 '동료'로 대해주셔서 감사할 따름이다. 음식에 있어서는 본받을 점이 너무나 많은, 진정한 대가이자 크나큰 스승이시다.

재료

무 150g
배춧잎 6~7장
고기 육수 1.5L
간장 5큰술
청고추·홍고추 조금씩
잣과 대추(고명용) 조금씩

✳ 양념
까나리액젓 4큰술
매실청 2큰술
다진 마늘 2큰술
다진 생강 1/2큰술

만드는 법

1   무와 배춧잎은 각각 한 입 크기로 썬다.

2   고기 육수에 간장을 탄다.

3   분량의 양념을 섞어 베주머니에 넣는다. 이것을 ②에 넣어 주무른다.

4   ③에 ①과 어슷어슷 썬 청고추, 홍고추, 잣, 씨를 빼고 동그랗게 만 대추를 넣어 완성한다. 냉장고에서 하룻밤 숙성시킨 뒤 꺼내 먹는다.

요리 스승 박종숙 선생께 배운
장김치

전통과 현재를 잇는 오작교 같은 간식의 추억

2003년에 궁중병과연구원에서 처음 만난 한복려 원장님은 방송에서 본 모습과 한 치도 다름없이 똑같으셨다. 고조리서의 한문을 찬찬히 읽어가면서 조곤조곤 설명하시던 꼿꼿한 자태가 지금도 기억에 생생하다. 궁중음식연구원은 전통 한식을 배우기 위해 학생으로 들어갔지만, 20년이 지나는 동안 원장님은 내게 한두 번 강의도 맡기면서 다른 선생님들과 어깨를 나란히 할 수 있는 기회를 만들어주셨다. 이후 식당을 개업할 때마다 찾아와 축하하고 응원해 주셨으니, 오랜 세월 받은 사랑을 언제 다 갚을 수 있을까 싶다.

사실 카스텔라경단은 전통 방식의 떡을 배우고자 미국에 살면서 한국의 연구원까지 찾아갔던 당시의 내게는 큰 실망을 안긴 음식이다. 그럼에도 원장님의 자태에 반해 아직까지도 의미 깊은 떡으로 추억에 남아 있다. 내게는 사람의 연과 세월을 잇는, 마치 오작교 같은 음식이다.

재료

찹쌀가루 1컵
설탕 1큰술
소금 조금
물 5~6큰술
카스텔라 2조각(160~200g)
녹차 가루 2큰술
흑임자 가루 2큰술

만드는 법

1   찹쌀가루는 설탕과 소금을 섞어 끓는 물을 더해 가면서 익반죽한다.

2   ①을 동그랗게 경단 모양으로 빚고 끓는 물에 떠오를 때까지 익혀서 건져 찬물에 헹군다.

3   카스텔라는 위아래 갈색 면을 잘라내고 푸드 프로세서로 갈아 부드러운 가루로 만든다.

4   ③을 3등분으로 나눠, 하나는 카스텔라 가루만 쓰고 나머지는 녹차 가루와 흑임자 가루를 각각 섞어 세 가지 색으로 만든다.

5   삶은 경단을 색색의 카스텔라 가루에 각각 버무려 삼색 경단을 만든다.

사랑이 밥 먹여준다.
나는 요리하는 것을 사랑하고,
남 먹이는 걸 좋아해서
음식 잘 먹는 사람을 사랑한다.
이런 식지 않는 열정이 있으니,
앞으로도 변함없이
먹고는 살 수 있을 것 같다고 생각한다.
동서양을 어우르는 모든 음식과
이것들을 먹는 데에 진심인 만큼,
맛 좋은 음식을 만들어 알리는 일도
게을리하지 않으려고 한다.
긍정적인 마음으로 삶을 살아가며
밝고 즐겁게, 건강하게 요리한다.

index

긍정의 힘을 담다
홍신애의 밥

초판 1쇄 발행 2025년 9월 30일

지은이 홍신애

펴낸곳 책책
펴낸이 선유정
편집인 김윤선

사진 민희기(나무스튜디오)
디자인 이혜정(LESS)
교정교열 최현미

출판등록 2018년 6월 20일 제2018-000060호
주소 (03041)서울시 종로구 자하문로1나길 11
전화 010-2052-5619
전자주소 chaegchaeg@naver.com

© 홍신애, 2025
ISBN 979-11-91075-21-2

* 이 책은 저작권법에 따라 보호받는 저작물이므로 무단 전재와 무단 복제를 금지합니다.
  책 내용의 전부 또는 일부를 이용하려면 저작권자와 책책의 서면동의를 받아야 합니다.
* 책값은 뒤표지에 있습니다.

지은이

홍신애 Hong, Shinae

요리연구가이자 '씨즌서울 by 홍신애' 오너 셰프. 연세대학교 대학원 외식급식경영학 석사.
2004년부터 푸드 스타일리스트, 요리 칼럼니스트, 방송인 등 음식과 관련한 다방면의 활동을
펼쳐왔다. 2013년 한식 밥집 '쌀가게 by 홍신애'를 열어 제대로 지은 '밥맛'을 알리고, 이후로는
이탈리아식 밥집 '솔트(salt)'를 13년간 운영하며 전국에서 나는 제철 식재료로 별미를 선보여온
집밥의 대가(大家)다. 한편으로 희귀 질환을 앓던 둘째 아들의 치유를 위해 본격적으로 요리
공부를 시작한 그는 신선한 국내 제철 식재료를 엄선해 쓰는 요리사로도 잘 알려져 있다.
운영 중인 레스토랑에서도 전국 각지의 농촌이나 어촌에서 재료를 직접 들여와 만든 음식을
제공한다. 그가 차려내는 다양한 콘셉트의 집밥이 언제나 사랑과 주목을 받는 핵심은 세 가지.
좋은 맛을 찾아가는 실험 정신과 긍정적인 마음에서 비롯된 도전 정신 그리고 음식에 담긴
무한한 사랑이다. 《홍신애의 제대로 집밥》(2016)이 한식을 기본으로 한 사계절 집밥 밥상을,
《Salt: 홍신애의 이탈리안 밥집》(2022)이 이탈리아 음식을 기본으로 한 창작 메뉴를 소개했다면,
이번 책 《홍신애의 밥》은 오랜 경험을 통해 완성한 한국식 '밥맛'을 알리는 집밥 요리의 결정판이다.
동서양을 어우르는 115가지 레시피와 그의 '밥 철학'을 담았다.